Test 1a: Zahlen bis 10 000 ermitteln und darstellen

1 Trage die passenden Zahlen ein.

a)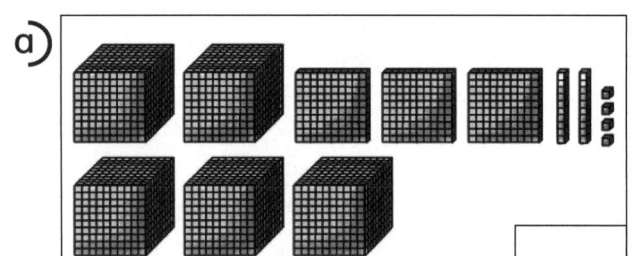

b)
$$8T + 0H + 4Z + 6E$$

c)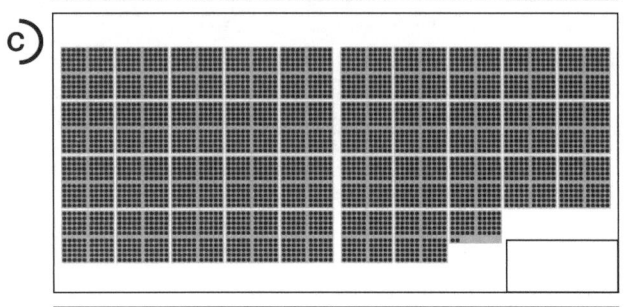

d)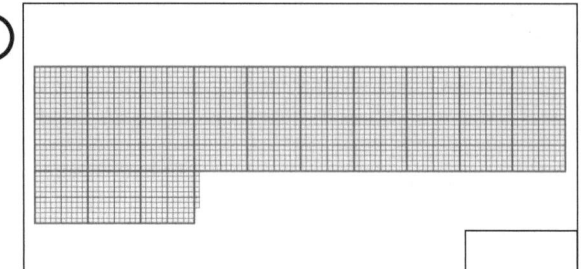

e)

T	H	Z	E
6	4	2	3

f)
achttausendfünfhundertzwölf

2 Stelle folgende Zahlen in einer anderen Form dar.

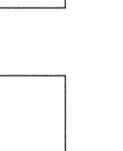

a) 7893

b) 4506

c) 2082

Test 1b: Zahlen bis 10 000 am Zahlenstrahl ablesen und eintragen

1 Lies die Zahlen ab und trage sie ein.

a)

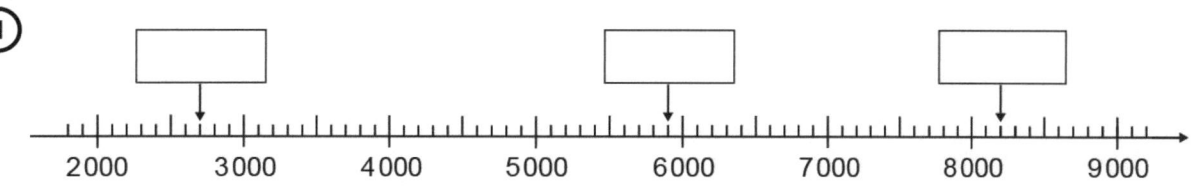

b)

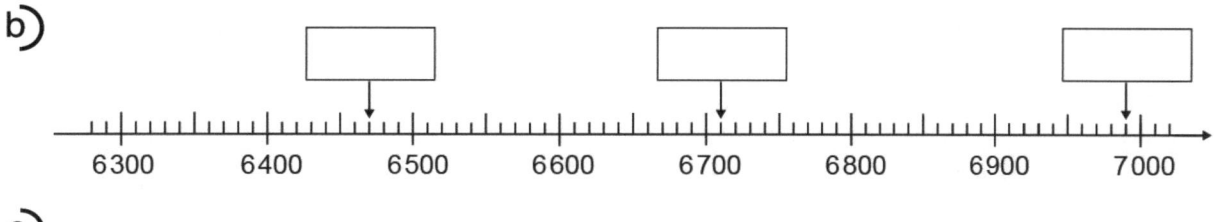

c)

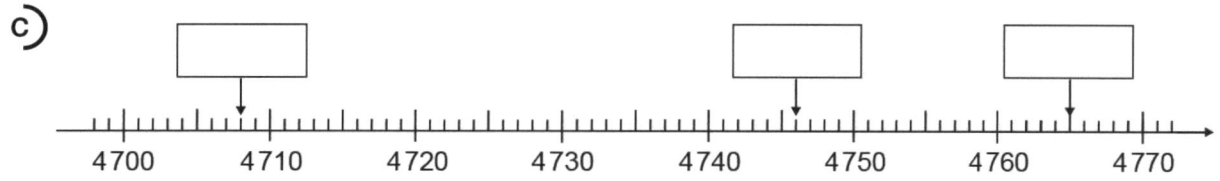

2 Markiere in den Ausschnitten aus einem Zahlenstrahl die folgenden Zahlen mit einem Pfeil.

a) 4700, 2900, 8400

b) 8490, 8940, 8400

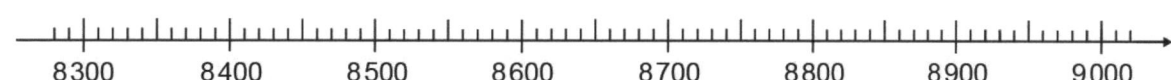

c) 5329, 5392, 5322

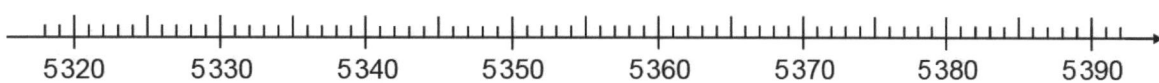

Wie kann ich die Aufgabe lösen?
☺ kann ich gut lösen; ☺ kann ich nur zum Teil gut lösen; ☹ kann ich nicht lösen

Test 1c: Nachbarzahlen finden

1 Trage die fehlenden Zahlen ein.

a) Bestimme Vorgänger und Nachfolger.

| | 4500 | | | 8000 | | | 3750 | |

b) Bestimme die Nachbarzehner.

| | 8996 | | | 6005 | | | 7416 | |

c) Bestimme die Nachbarhunderter.

| | 9998 | | | 7125 | | | 4026 | |

d) Bestimme die Nachbartausender.

| | 3415 | | | 2000 | | | 7002 | |

2 Trage in die Tabelle passende Zahlen ein.

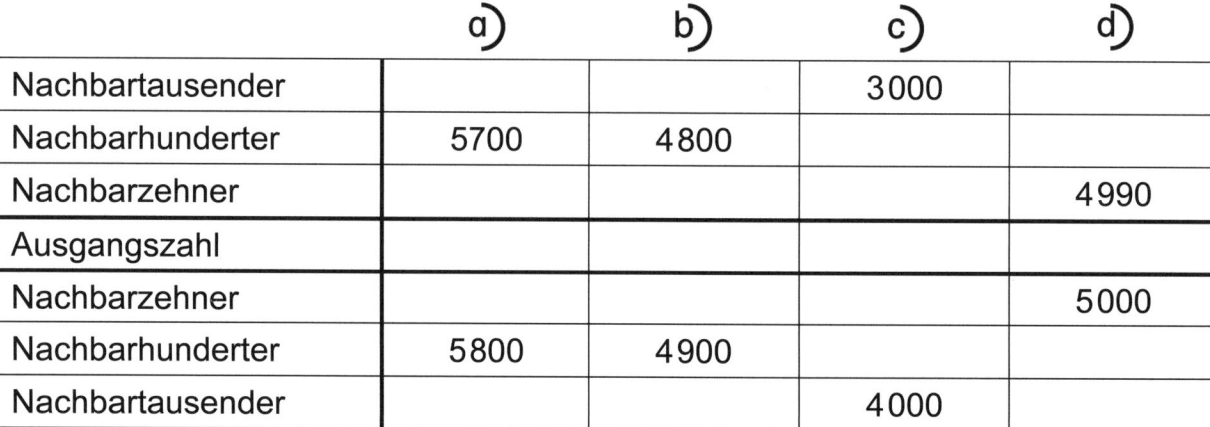

	a)	b)	c)	d)
Nachbartausender			3000	
Nachbarhunderter	5700	4800		
Nachbarzehner				4990
Ausgangszahl				
Nachbarzehner				5000
Nachbarhunderter	5800	4900		
Nachbartausender			4000	

3 Nenne für die Aufgabe **2** a) bis d) jeweils fünf unterschiedliche mögliche Ausgangszahlen.

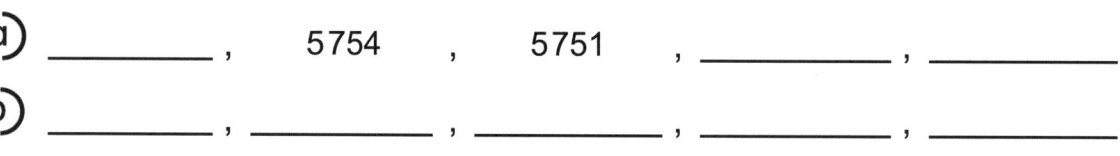

a) _____ , 5754 , 5751 , _____ , _____

b) _____ , _____ , _____ , _____ , _____

c) _____ , _____ , _____ , _____ , _____

d) _____ , _____ , _____ , _____ , _____

Wie kann ich die Aufgabe lösen?
☺ kann ich gut lösen; 😐 kann ich nur zum Teil gut lösen; ☹ kann ich nicht lösen

Test 1d: Zahlen ordnen und vergleichen, Zahlreihen fortsetzen

1 Ordne die Zahlen der Größe nach.

a)

4956	9549
5654	4569

☐ > ☐ > ☐ > ☐

b)

8609	9003
8712	9103

☐ < ☐ < ☐ < ☐

c)

8756	6768
4905	3478

☐ > ☐ > ☐ > ☐

2 Setze die Zeichen < und > passend ein.

a) 94101 ◯ 9104   b) 3270 ◯ 3702   c) 8798 ◯ 8795

3 Setze jeweils eine passende Zahl ein.

a) 8760 > ☐   b) ☐ < 7658   c) 3412 < ☐

4 Setze die Zahlreihen fort.

a) 8700, 8500, 8300, _____ , _____ , _____ , _____

b) 3950, 3960, 3970, _____ , _____ , _____ , _____

c) 8406, 8404, 8402, _____ , _____ , _____ , _____

5 Zähle weiter und notiere als Zahlreihe.

a) In Zwanzigerschritten vorwärts: 1970, _____ , _____ , _____ , _____

b) In Hunderterschritten rückwärts: 4320, _____ , _____ , _____ , _____

c) In Fünfzigerschritten vorwärts: 4850, _____ , _____ , _____ , _____

Wie kann ich die Aufgabe lösen?
☺ kann ich gut lösen; ☺ kann ich nur zum Teil gut lösen; ☹ kann ich nicht lösen

Test 1e: Zahlen bis 1 000 000 ermitteln und darstellen

1 Trage die passenden Zahlen ein. ☺ ☺ ☹

a)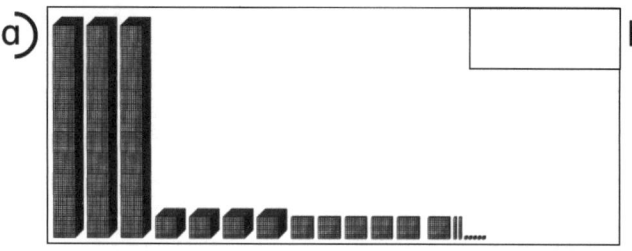

b)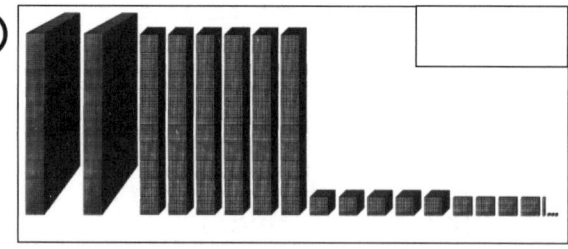

c) 7HT + 8ZT + 0T + 6H + 3Z + 2E

d)

HT	ZT	T	H	Z	E
4	2	0	0	7	3

e) sechshundertfünftausendzweihundertdrei

2 Lies die Zahlen ab und trage sie ein. ☺ ☺ ☹

a)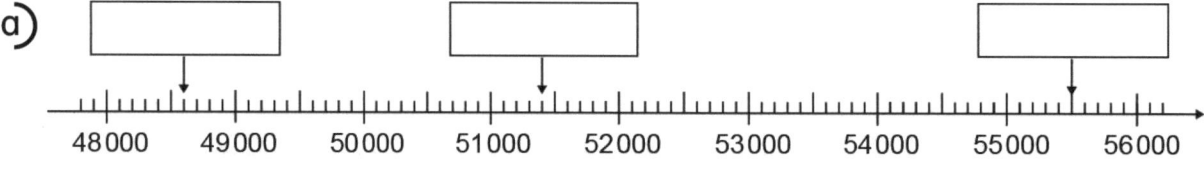

48 000   49 000   50 000   51 000   52 000   53 000   54 000   55 000   56 000

b)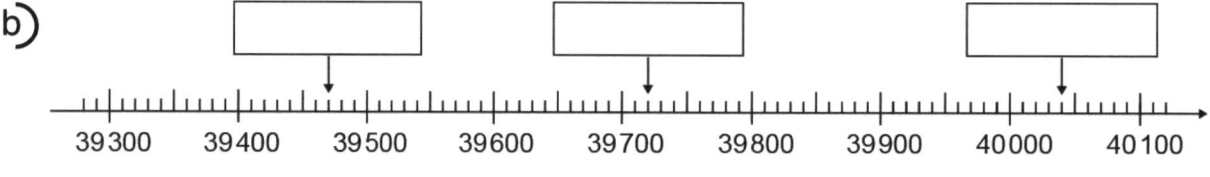

39 300   39 400   39 500   39 600   39 700   39 800   39 900   40 000   40 100

c)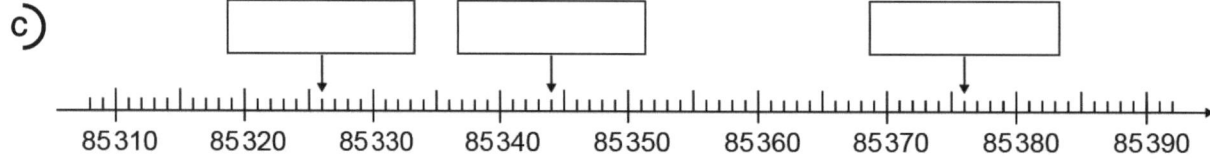

85 310   85 320   85 330   85 340   85 350   85 360   85 370   85 380   85 390

d)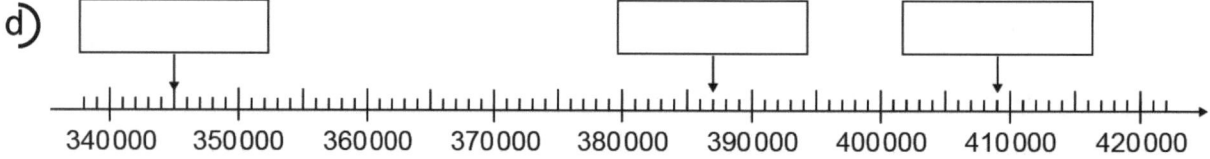

340 000   350 000   360 000   370 000   380 000   390 000   400 000   410 000   420 000

3 Suche folgende Zahlen in den Zahlenstrahlausschnitten von Aufgabe **2** und kennzeichne sie mit farbigen Pfeilen. ☺ ☺ ☹

a) rot: 53 600
   39 970

b) blau: 39 330
   85 366

c) grün: 365 000
   404 000

Wie kann ich die Aufgabe lösen?
☺ kann ich gut lösen; ☺ kann ich nur zum Teil gut lösen; ☹ kann ich nicht lösen

Test 1f: Nachbarzahlen finden, Zahlen runden

1 Trage die passenden Zahlen ein.

Nachbarhunderttausender		456 789	
Nachbarzehntausender		186 715	
Nachbartausender		38 499	
Nachbarhunderter		68 758	
Nachbarzehner		407 502	
Vorgänger / Nachfolger		325 980	

2 Runde die Zahlen …

a) … auf volle Zehner.

846 279 ≈ ☐   48 735 ≈ ☐   768 304 ≈ ☐

b) … auf volle Hunderter.

560 851 ≈ ☐   816 987 ≈ ☐   315 412 ≈ ☐

c) … auf volle Hunderttausender.

898 413 ≈ ☐   399 425 ≈ ☐   756 912 ≈ ☐

d) … auf volle Tausender.

117 815 ≈ ☐   68 435 ≈ ☐   380 113 ≈ ☐

e) … auf volle Zehntausender.

170 857 ≈ ☐   524 678 ≈ ☐   799 999 ≈ ☐

3 Nenne jeweils drei passende Zahlen, die zu gerundeten Zahlen passen.

a) 164 300

_____

b) 750 000

_____

c) 327 000

_____

d) 185 600

_____

Wie kann ich die Aufgabe lösen?
☺ kann ich gut lösen; 😐 kann ich nur zum Teil gut lösen; ☹ kann ich nicht lösen

7

Test 1g: Zahlen ordnen und vergleichen, Zahlreihen fortsetzen

1 Ordne die Zahlen der Größe nach.

a)

| 54444 | 540440 | 545445 |
| 545 | 5400 | |

☐ > ☐ > ☐ > ☐ > ☐

b)

| 5413 | 674832 | 674853 |
| 453517 | 453824 | |

☐ > ☐ > ☐ > ☐ > ☐

c)

| 35417 | 78925 | 825413 |
| 257863 | 476705 | |

☐ > ☐ > ☐ > ☐ > ☐

2 Setze die Zeichen > und < passend ein.

a) 215429 ◯ 195617   **b)** 39409 ◯ 217638   **c)** 405494 ◯ 405949

3 Finde alle möglichen Ziffern, die du jeweils gleichzeitig für die beiden ☐ einsetzen kannst.

a) ☐3415 > 7☐325 : _____

b) 5☐568 < ☐5568 : _____

c) 9345☐ < 934☐3 : _____

4 Setze die Zahlreihen fort.

a) 530000, 520000, 510000, _____ , _____ , _____

b) 40620, 40720, 40820, _____ , _____ , _____

c) 154760, 154770, 154780, _____ , _____ , _____

5 Zähle weiter und notiere als Zahlreihe.

a) In Fünfhunderterschritten vorwärts: 525650, _____ , _____ , _____

b) In Zweitausenderschritten rückwärts: 153420, _____ , _____ , _____

c) In Zehntausenderschritten vorwärts: 485312, _____ , _____ , _____

Wie kann ich die Aufgabe lösen?
☺ kann ich gut lösen; ☺ kann ich nur zum Teil gut lösen; ☹ kann ich nicht lösen

Diagnosebogen zu den Tests zum Themenheft 1 *Die Zahlen bis 1 000 000*

HRU: Allgemeine Hinweise, Anregungen für den Unterricht, individuelle Förderung und Arbeit im Plenum s. S. 83–89;
Kompetenzraster: Kom Ü1, Kom Ü2 L und Kom Ü2 V; Beobachtungsbogen „Allgemeine mathematische Kompetenzen": BBK; Lehrerkopiervorlagen: LKV 1–12;
Kompetenzbögen: Kom 1a–1e; Beobachtungsbögen: BB 1a–1b; Tests: Test 1a–1b; Tests mit besonderen Anforderungen: Test mbA 1a–1c
Kopiervorlagen: KV 1–34, Blanko: KV 35
Lernsoftware Interaktive Übungen: Zahlen und Operationen: Die Zahlen bis 1 000 000

s = sicher; ü = überwiegend sicher; t = teilweise; n = noch nicht

kann	s	ü	t	n	★ Förderhinweise ☆ Förderhinweise bzw. Fördermaterial*	LKV/KV
Test 1a: Zahlen bis 10 000 ermitteln und darstellen						
❶ Zahlen in verschiedenen Darstellungen erkennen und notieren					★ die dargestellten Zahlen mit den vorgegebenen Materialien nachlegen ★ Zahlen mit verschiedenen Materialien legen und die gelegte Zahl nennen ★ dreistellige Zahlen mit verschiedenen gebündelten (ggf. ungebündelten) Materialien legen, zu größeren Einheiten bündeln und dann zählen/benennen, dann auf vier- und fünfstellige Zahlen ausweiten ☆ in der Vorstellung Zahlen mit verschiedenen Materialien legen, die Zahl nennen, dann mit Material nachlegen und die Lösung überprüfen ☆ VM TH1 S. 9, 11; LM TH1 S. 8, 9	LKV 1, LKV 2, LKV 3* KV 1–5
❷ vorgegebene Zahlen verschieden darstellen					★ die Zahlen mit realem Material legen und dann zeichnen ★ Zahldarstellungen mit verschiedensten Materialien erproben bzw. selbst zeichnen und die Ergebnisse notieren ★ nacheinander verschiedene Materialien erproben und dann bewerten, ob sie individuell hilfreich sind ☆ VM TH1 S. 17; LM TH1 S. 13	LKV 1, LKV 2, LKV 3* KV 3–8, KV 9*, KV 10*
Test 1b: Zahlen bis 10 000 am Zahlenstrahl ablesen und eintragen						
❶ Zahlen am Zahlenstrahl ablesen und eintragen					★ den gezeigten Zahlenstrahlausschnitt auf einem Zahlenstrahl von 0 bis 10 000 suchen ★ den Zahlenstrahlausschnitt durch Farbmarkierungen individuell strukturieren, z. B. Markierung von Fünfzigern in einer bestimmten Farbe, von Hundertern in einer anderen Farbe … ★ benennen, welche Tausender, Hunderter, Fünfziger, Zehner usw. vor dem ersten Strich des Zahlenstrahlausschnittes nicht zu sehen sind und benennen, wie der Zahlenstrahl fortgesetzt werden müsste ☆ gegenseitig auf Zahlen zeigen und diese blitzschnell nennen, auch auf Zahlenstrahlausschnitten mit unterschiedlicher Skalierung bzw. ohne Skalierung ☆ VM TH1 S. 19	LKV 4 KV 11–13, KV 14*, KV 15*

... kann	s	ü	t	n	★ Förderhinweise ☆ Förderhinweise bzw. Fördermaterial*	LKV/KV
❷ vorgegebene Zahlen am Zahlenstrahl mit einem Pfeil markieren					★ den Zahlenstrahlausschnitt durch Farbmarkierungen individuell strukturieren, z. B. Markierung von Fünfzigern in einer bestimmten Farbe, von Hundertern in einer anderen Farbe … ★ die wichtigen Strukturen des abgebildeten Zahlenstrahlausschnittes benennen und dann die gesuchten Zahlen eintragen ★ sich gegenseitig Rätselfragen zu Zahlen im Zahlenstrahlausschnitt stellen ☆ Zahlen an großen Zahlenstrahlausschnitten bestimmen, die nur sehr grob unterteilt sind oder keine Zahlvorgabe enthalten	KV 11–13, KV 14*, KV 15*, KV 18*
Test 1c: Nachbarzahlen finden						
❶ Vorgänger und Nachfolger von vorgegebenen Zahlen bestimmen					★ Zahlenstrahl zur Veranschaulichung nutzen, dafür ggf. den Zahlenstrahl durch Farbmarkierungen individuell strukturieren, s. o.	LKV 5, LKV 6 KV 16
❷ in einer Tabelle zu vorgegebenen Zahlen vorgegebene Nachbarzahlen bestimmen (NZ, NH, NT)					★ Zahlenstrahl zur Veranschaulichung nutzen, dafür ggf. den Zahlenstrahl durch Farbmarkierungen individuell strukturieren, s. o.	LKV 5, LKV 6 KV 16
❸ verschiedene Möglichkeiten für Ausgangszahlen zu vorgegebenen Nachbarzahlen finden					★ Zahlenstrahl zur Veranschaulichung nutzen, dafür ggf. den Zahlenstrahl durch Farbmarkierungen individuell strukturieren, s. o. ☆ eigene Aufgaben zu Nachbarzahlen und Ausgangszahlen finden, diese notieren und eine separate Lösung dazu schreiben ☆ mit einem Partner über mögliche Ausgangszahlen austauschen und begründen, warum eine Zahl passend/unpassend ist bzw. welche Kriterien die Ausgangszahl haben muss, um passend zu den Nachbarzahlen zu sein	KV 16
Test 1d: Zahlen ordnen und vergleichen, Zahlreihen fortsetzen						
❶ vorgegebene Zahlen der Größe nach sortieren					★ einen Zahlenstrahl zur Veranschaulichung nutzen, ggf. mit individuell nützlichen Farbmarkierungen ☆ auch Zahlen aus dem Zahlenraum bis 20 000 der Größe nach sortieren	LKV 11 KV 19
❷ Relationszeichen korrekt einsetzen					★ Hilfestellungen zum Erkennen der Richtung des Relationszeichens geben bzw. wiederholen, z. B. „...Krokodil ...“, „... Spitze zeigt ...“ ★ Zahlenstrahl zur Veranschaulichung der Größe der Zahlen nutzen ☆ Relationszeichen in Rechenterme korrekt einsetzen ☆ Zahlvergleiche in Pfeilbilddarstellung erstellen	LKV 11

❸ Zahlen passend zu vorgegebener Zahl und Relationszeichen bestimmen	★ Zahlenstrahl zur Orientierung nutzen ☆ „Finde alle möglichen Zahlen." / „Notiere 10 mögliche Zahlen." ☆ bei Zahlvergleichen in Pfeilbilddarstellungen passende Zahlen einsetzen	KV 19, KV 21*
❹ Zahlreihen fortsetzen	★ Zahlenstrahl zur Veranschaulichung verwenden ★ ober-/unterhalb der ersten Zahlen notieren, was bis zur nächsten Zahl gerechnet wurde ★ gemeinsam die Bildungsregel entdecken und benennen ☆ schwierige Zahlenfolgen mit dem Partner entwickeln und diese abwechselnd lösen	LKV 10 KV 17
❺ Zahlreihen fortsetzen, die Ausgangszahlen und Schrittfolgen als Vorgaben haben	★ einen Zahlenstrahl zur Veranschaulichung verwenden ★ gemeinsam mit einem Partner die Aufgabe „übersetzen", dann in Einzelarbeit die Zahlenreihen fortsetzen und im Anschluss die Zahlenreihen mit denen vom Partner vergleichen ☆ komplexere Vorgaben zu Zahlenreihen entwickeln und lösen, dann von einem Partner lösen lassen und anschließend die Ergebnisse miteinander vergleichen	LKV 10 KV 17, KV 23*
Test 1e: Zahlen bis 1 000 000 ermitteln und darstellen		
❶ Zahlen in verschiedenen Darstellungen erkennen und notieren	★ die dargestellten Zahlen mit den vorgegebenen Materialien nachlegen ★ Zahlen mit verschiedenen Materialien legen und die gelegte Zahl nennen ★ vierstellige Zahlen mit verschiedenen ungebündelten/gebündelten Materialien legen, zu größeren Einheiten bündeln und dann zählen/benennen, dann auf fünf- und sechsstellige Zahlen ausweiten ★ Lernsoftware: „Zahlen in der Stellenwerttafel" ☆ im Kopf Zahlen mit verschiedenen Materialien legen, die Zahl nennen, dann mit Material nachlegen und die Lösung überprüfen ☆ VM TH1 S. 38, 39, 50; LM TH1 S. 29, 30	LKV 7, LKV 8* KV 20*, KV 24–27, KV 31, KV 32, KV 35
❷ Zahlen am Zahlenstrahl ablesen und eintragen	★ den gezeigten Zahlenstrahlausschnitt auf einem Zahlenstrahl von 0 bis 1 000 000 suchen ★ den Zahlenstrahlausschnitt durch Farbmarkierungen individuell strukturieren, z. B. Markieren von Tausendern in einer Farbe, von Hunderttausendern in einer anderen Farbe … ★ benennen, welche z. B. Tausender, Hunderter usw. vor dem ersten Strich des Zahlenstrahlausschnittes nicht zu sehen sind und benennen, wie der Zahlenstrahl fortgesetzt werden müsste ★ Lernsoftware: „Die Zahlen am Zahlenstrahl" ☆ gegenseitig auf Zahlen zeigen und diese blitzschnell nennen	LKV 9 KV 11, KV 12, KV 29
❸ vorgegebene Zahlen mit vorgegebenen Farben am Zahlenstrahl von Aufgabe 2 mit einem Pfeil markieren	★ den Zahlenstrahlausschnitt durch Farbmarkierungen individuell strukturieren, Markieren von z. B. Tausendern in einer bestimmten Farbe, von Zehntausendern in einer anderen Farbe … ★ die wichtigen Strukturen des abgebildeten Zahlenstrahlausschnittes benennen und dann die gesuchten Zahlen eintragen ★ sich gegenseitig Rätselfragen zu Zahlen im Zahlenstrahlausschnitt stellen ☆ Zahlen an großen Zahlenstrahlausschnitten bestimmen, die nur sehr grob unterteilt sind oder keine Zahlvorgabe enthalten	KV 11, KV 12

...kann	s	ü	t	n	★ Förderhinweise ☆ Förderhinweise bzw. Fördermaterial*	LKV/KV
Test 1f: Nachbarzahlen finden, Zahlen runden						
❶ in einer Tabelle zu vorgegebenen Zahlen vorgegebene Nachbarzahlen bestimmen (NE, NZ, NH, NT, NZT, NHT)					★ Zahlenstrahl zur Veranschaulichung nutzen, dafür ggf. den Zahlenstrahl durch Farbmarkierungen individuell strukturieren ★ Lernsoftware: „Nachbarzahlen" ☆ eigene Aufgaben entwickeln, bei denen zu vorgegebenen Nachbarzahlen die Ausgangszahlen gefunden werden sollen, incl. Lösung ☆ VM TH1 S. 46, 47	LKV 6 KV 11, KV 12
❷ Zahlen nach Vorgaben runden					★ die Rundungsregeln noch einmal wiederholen ★ gemeinsam mit einem Partner die Aufgabenstellung „übersetzen", dann in Einzelarbeit bearbeiten und anschließend mit dem Partner vergleichen und ggf. über die Ergebnisse austauschen ☆ Aufgaben zu Zahlen in größeren Zahlenräumen oder mit komplizierteren Zahlen, z. B. mit Nullstellen, finden und runden, dann von einem Partner die Ergebnisse prüfen lassen	KV 34, KV 35
❸ jeweils 3 verschiedene passende Zahlen zu gerundeten Zahlen bilden					★ den Zahlenstrahl zur Veranschaulichung nutzen ★ mit einem Partner über die gefundenen Zahlen austauschen und ggf. die entsprechende Rundungsregel noch einmal benennen ☆ eigene Aufgaben in höherem Zahlenraum entwickeln, einen Lösungsvorschlag notieren und dann an den Partner übergeben und umgekehrt	KV 35
Test 1g: Zahlen ordnen und vergleichen, Zahlreihen fortsetzen						
❶ vorgegebene Zahlen der Größe nach sortieren					★ einen Zahlenstrahl zur Veranschaulichung nutzen, ggf. mit individuell nützlichen Farbmarkierungen ★ Lernsoftware: „Zahlen vergleichen und ordnen" ☆ auch Zahlen aus dem Zahlenraum bis 2 000 000 der Größe nach sortieren ☆ VM TH1 S. 47, 53, 54; LM TH1 S. 37, 38	LKV 11 KV 33*, KV 35
❷ die Relationszeichen korrekt verwenden					★ Hilfestellungen zum Erkennen der Richtung des Relationszeichens geben bzw. wiederholen, z. B. „...Krokodil ...", „... Spitze zeigt ..." ★ Lernsoftware: „Zahlen vergleichen und ordnen" ★ Zahlenstrahl zur Veranschaulichung der Größe der Zahlen ☆ Relationszeichen in Rechenterme korrekt einsetzen	LKV 11 KV 33*

Nr.	Kompetenz	Anregungen	Material
❸	in Zahlen fehlende Ziffern korrekt einsetzen, sodass passende Ungleichungen entstehen	★ Hilfestellungen zum Erkennen der Richtung des Relationszeichens geben bzw. wiederholen, z. B. „... Krokodil ...", „... Spitze zeigt ..." ★ Zahlenstrahl zur Veranschaulichung der Größe der Zahlen nutzen ☆ eigene Ungleichungen mit fehlenden Ziffern in höherem Zahlenraum entwickeln und vom Partner lösen lassen	LKV 11 KV 31, KV 33*
❹	Zahlenreihen fortsetzen	★ Zahlenstrahl zur Veranschaulichung verwenden ★ ober-/unterhalb der ersten Zahlen notieren, was bis zur nächsten Zahl gerechnet wurde ★ gemeinsam die Bildungsregel entdecken und benennen ★ Lernsoftware: „Zahlenfolgen ergänzen" ☆ schwierige Zahlenfolgen mit dem Partner entwickeln und diese abwechselnd lösen	LKV 10 KV 30
❺	Zahlenreihen fortsetzen, die vorgegebene Ausgangszahlen und Schrittfolgen haben	★ einen Zahlenstrahl zur Veranschaulichung verwenden ★ gemeinsam mit einem Partner die Aufgabe „übersetzen", dann in Einzelarbeit die Zahlenreihen fortsetzen und im Anschluss die Zahlenreihen mit denen vom Partner vergleichen ☆ komplexere Vorgaben zu Zahlenreihen entwickeln und lösen, dann von einem Partner lösen lassen und anschließend die Ergebnisse miteinander vergleichen	KV 23*, KV 30

Test 2a: Additions- und Subtraktionsaufgaben im Kopf lösen

1 Finde und rechne zuerst die einfache Analogieaufgabe.

a) ☐ + ☐ = ☐   b) ☐ − ☐ = ☐

   73 000 + 25 000 = ☐   84 000 − 36 000 = ☐

c) ☐ + ☐ = ☐   d) ☐ − ☐ = ☐

   360 000 + 420 000 = ☐   680 000 − 250 000 = ☐

e) ☐ + ☐ = ☐   f) ☐ − ☐ = ☐

   515 000 + 320 000 = ☐   926 000 − 512 000 = ☐

2 Addiere und subtrahiere stellengerecht.

a) 528 629 + 10 = ☐   b) 765 412 − 3000 = ☐

c) 634 712 + 200 = ☐   d) 325 937 − 200 000 = ☐

e) 468 402 + 30 000 = ☐   f) 436 785 − 500 = ☐

3 Ordne die Zahlen geschickt und rechne im Kopf.
Unterstreiche in jeder Rechnung, welche Zahlen du zusammenfassen kannst.

a) 590 + 240 + 310 = ☐   b) 760 − 360 − 150 = ☐

c) 4300 + 2500 + 3700 = ☐   d) 9500 − 3200 − 2800 = ☐

e) 45 300 + 2800 + 3200 + 700 = ☐

f) 93 600 − 1800 − 6400 − 3600 = ☐

4 Schreibe zu jeder Aufgabe die vereinfachte Aufgabe mit Ergebnis auf.

a) 1359 + 499 = ☐   b) 6839 − 296 = ☐

_____   _____

c) 68 356 + 5970 = ☐   d) 85 658 − 3980 = ☐

_____   _____

Test 2b (1): Additionsaufgaben in mehreren Schritten lösen

1 Löse die Additionsaufgaben. Rechne in mehreren Schritten.
Notiere deinen Rechenweg auf verschiedene Arten.

a) am Rechenstrich

$435\,217 \; + \; 24\,538 \; = \;$ ☐

435 217

b) als eine Zerlegungsaufgabe

$305\,729 \; + \; 83\,417 \; = \;$ ☐

☐ + ☐ + ☐ + ☐ + ☐ + ☐ = ☐

c) zerlegt in mehrere Aufgaben

$526\,485 \; + \; 72\,521 \; = \;$ ☐

☐ + ☐ = ☐

☐ + ☐ = ☐

☐ + ☐ = ☐

☐ + ☐ = ☐

☐ + ☐ = ☐

2 Fasse die dargestellten Rechenschritte in einer Additionsaufgabe zusammen.

a)

+ 200 000	+ 40 000	+ 3000	+ 400	+ 30	+ 4

324 512   524 512   564 512   567 512   567 912   567 942   567 946

☐ + ☐ = ☐

b) $405\,348 + 200\,000 + 30\,000 + 2000 + 600 + 30 + 1 = 637\,979$

☐ + ☐ = ☐

c) $642\,713 + 3000 + 20 + 6 + 40\,000 + 200\,000 = 885\,739$

☐ + ☐ = ☐

Wie kann ich die Aufgabe lösen?
☺ kann ich gut lösen; ☺ kann ich nur zum Teil gut lösen; ☹ kann ich nicht lösen

Test 2b (2): Subtraktionsaufgaben in mehreren Schritten lösen

1 Löse die Subtraktionsaufgaben. Rechne in mehreren Schritten.
Notiere deinen Rechenweg auf verschiedene Arten.

a) am Rechenstrich

785 369 – 62 148 = ☐

785 369

b) als eine Zerlegungsaufgabe

596 785 – 51 263 = ☐

☐ – ☐ – ☐ – ☐ – ☐ – ☐ = ☐

c) zerlegt in mehrere Aufgaben

864 739 – 32 427 = ☐

☐ – ☐ = ☐

☐ – ☐ = ☐

☐ – ☐ = ☐

☐ – ☐ = ☐

☐ – ☐ = ☐

2 Fasse die dargestellten Rechenschritte in einer Subtraktionsaufgabe zusammen.

a)

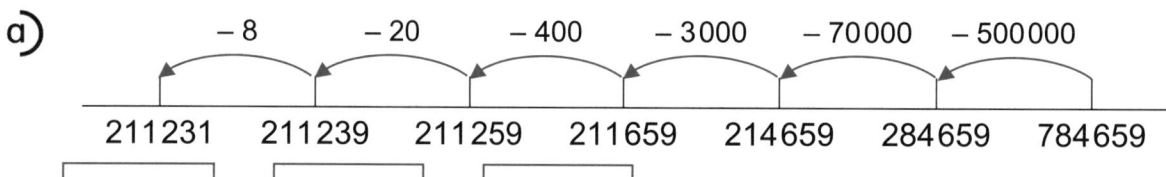

– 8   – 20   – 400   – 3000   – 70000   – 500000

211 231   211 239   211 259   211 659   214 659   284 659   784 659

☐ – ☐ = ☐

b) 596 785 – 3 – 20 – 400 – 2000 – 70000 – 200000 = 324 362

☐ – ☐ = ☐

c) 658 427 – 200 – 5 – 6000 – 30000 – 10 – 400000 = 222 212

☐ – ☐ = ☐

Wie kann ich die Aufgabe lösen?
☺ kann ich gut lösen; ☺ kann ich nur zum Teil gut lösen; ☹ kann ich nicht lösen

Test 2c: Schriftlich addieren und subtrahieren

1 Runde sinnvoll und schreibe zu jeder Rechnung eine Überschlagsrechnung auf.

a) 3576 + 4752

Ü: _____

b) 7895 – 4050

Ü: _____

c) 37628 + 16412

Ü: _____

d) 38267 – 16874

Ü: _____

e) 429362 + 318425

Ü: _____

f) 329362 – 218425

Ü: _____

2 Bestimme die Ergebnisse. Kontrolliere jeweils mit der Überschlagsrechnung.

a) Ü: _____

```
   7 1 6 2 9
 + 1 7 5 6 4
```

b) Ü: _____

```
   5 2 6 4 1 3
 + 3 7 5 8 7 9
```

c) Ü: _____

```
   3 1 5 4 1 8
 + 1 6 7 4 5 7
```

d) Ü: _____

```
   6 7 4 1 2
 - 3 8 2 0 1
```

e) Ü: _____

```
   7 3 2 0 2 1
 - 5 1 3 8 0 5
```

f) Ü: _____

```
   9 2 6 4 8 3
 - 4 3 4 2 6 1
```

3 Bestimme die Ergebnisse und kontrolliere jeweils mit der Umkehraufgabe.

a)
```
   3 4 7 8 5
 + 4 8 6 5 4
```

b)
```
   4 7 8 3 6 5
 + 2 1 4 2 0 4
```

c)
```
   6 4 7 5 8
 - 3 8 5 8 6
```

d)
```
   7 5 6 4 3 8
 - 5 0 9 6 4 3
```

Wie kann ich die Aufgabe lösen?
☺ kann ich gut lösen; ☺ kann ich nur zum Teil gut lösen; ☹ kann ich nicht lösen

Test 2d: Mit Kommazahlen rechnen

1 Addiere schriftlich. Wenn es notwendig ist, wandle vorher in die gleiche Einheit um.

a) 508,49€ + 72,69€ + 6412,98€ =

b) 8025 cm + 4,25 m + 5 m + 7,60 m =

c) 5,20 m + 200 cm + 0,50 m =

2 Tim ist mit seiner Schwester und seinen Eltern in einer Pizzeria. Zunächst will sein Vater eine Pizza für 11,40€, seine Mutter eine Pizza für 10,80€ und Tim und seine Schwester wollen je eine Pizza für 8,90€ bestellen. Schließlich bestellen sie dann zusammen eine Familienpizza für 21,80€. Wie viel haben sie gespart?

Antwort: _____

Wie kann ich die Aufgabe lösen?
☺ kann ich gut lösen; ☺ kann ich nur zum Teil gut lösen; ☹ kann ich nicht lösen

Test 2e: Mit Liter und Milliliter umgehen

1 Wandle um.

a) Schreibe in Liter.

500 ml = ☐ l

250 ml = ☐ l

750 ml = ☐ l

1250 ml = ☐ l

b) Schreibe in Milliliter.

2 l = ☐ ml

$\frac{3}{4}$ l = ☐ ml

$\frac{1}{2}$ l = ☐ ml

$1\frac{1}{4}$ l = ☐ ml

2 Ordne die Angaben der Größe nach.

a)

| 20 ml; | 3000 ml; | 2 l | 500 ml; | $\frac{1}{2}$ l |

☐ < ☐ < ☐ < ☐

b)

| $\frac{1}{4}$ l; | 2500 ml; | 300 ml, | $4\frac{1}{2}$ l |

☐ > ☐ > ☐ > ☐

c)

| 500 l; | 250 ml; | $\frac{1}{2}$ l; | 50 ml, |

☐ ○ ☐ ○ ☐ ○ ☐

3 Ergänze die Tabelle.

Buttermilchbecher	1	3			8		
ml	500 ml		$2\frac{1}{2}$	5 l		10 l	2 l

4 Lea duscht nicht so gerne, sie badet lieber. Betrachte die Angaben zum Wasserverbrauch und berechne, wie viel Wasser Lea einsparen kann, wenn sie täglich duscht anstatt zu baden.

| 1 Vollbad: | ungefähr | 150 l |
| 1 Duschbad: | ungefähr | 45 l |

a) an einem Tag: ☐

b) an 3 Tagen: ☐

c) an 6 Tagen: ☐

d) in einem Monat: ☐

Wie kann ich die Aufgabe lösen?
☺ kann ich gut lösen; ☺ kann ich nur zum Teil gut lösen; ☹ kann ich nicht lösen

Test 2f: Sachaufgaben lösen

1 Trage bei jeder Aufgabe eine Rechnung und eine Antwort ein.   ☺ ☺ ☹

a) Dortmund hatte 2012 583658 Einwohner, davon waren 286070 männlich. Wie viele weibliche Einwohner hatte Dortmund 2012?

A: _____

b) In Stuttgart gab es 2013 insgesamt 315205 zugelassene Fahrzeuge (Pkws, Lkws, Krafträder), davon waren 12613 Lkws und 21214 Krafträder. Wie viele Pkws waren in Stuttgart 2013 zugelassen?

A: _____

2 Trage bei jeder Aufgabe eine Frage, eine Rechnung und eine Antwort ein.   ☺ ☺ ☹

a) Tim kauft einen Zeichenblock für 1,65€, einen Taschenrechner für 19,95€ und einen Pinsel für 85ct. Er hat 25€ im Geldbeutel.

F: _____

A: _____

b) Ein mit 220000l gefüllter Tankwagen beliefert nacheinander 3 Häuser in einer Straße. In Haus A liefert er 4800l Öl ab und in Haus B 2700l. Nachdem er den Tank in Haus C gefüllt hat, sind in seinem Tankwagen noch 11000l Öl übrig.

F: _____

A: _____

Wie kann ich die Aufgabe lösen?
☺ kann ich gut lösen; ☺ kann ich nur zum Teil gut lösen; ☹ kann ich nicht lösen

Diagnosebogen zu den Tests zum Themenheft 2 *Addition und Subtraktion bis 1 000 000 / Größenbereich Hohlmaße*

HRU: Allgemeine Hinweise, Anregungen für den Unterricht, individuelle Förderung und Arbeit im Plenum s. S. 119–124;
Kompetenzraster: Kom Ü1, Kom Ü2 L und Kom Ü2 V; Beobachtungsbogen „Allgemeine mathematische Kompetenzen": BBK; Lehrerkopiervorlagen: LKV 13–21;
Kompetenzbögen: Kom 2a–2e; Beobachtungsbögen: BB 2a–2b; Tests: Test 2a–2b; Tests mit besonderen Anforderungen: Test mbA 2a–2c
Kopiervorlagen: KV 36–59, Blanko: KV 60, KV 61
Lernsoftware Interaktive Übungen: Zahlen und Operationen: Die Zahlen bis 1 000 000 / Addition und Subtraktion bis 1 000 000 / Schriftliche Addition / Schriftliche Subtraktion
Größen und Messen: Liter und Milliliter

s = sicher; **ü** = überwiegend sicher; **t** = teilweise; **n** = noch nicht

kann	s	ü	t	n	★ Förderhinweise ☆ Förderhinweise bzw. Fördermaterial*	LKV/KV
Test 2a: Additions- und Subtraktionsaufgaben im Kopf lösen						
❶ Analogieaufgaben bilden und rechnen					★ die kleine Aufgabe identifizieren und dann notieren ★ erst analoge Aufgaben in kleineren Zahlenräumen lösen, dann schrittweise den Zahlenraum weiter vergrößern ★ auch die Kurzform nutzen ★ Lernsoftware: „Addieren und subtrahieren – verwandte Aufgaben" ☆ selbst Analogieaufgaben bilden und dann lösen – von groß nach klein und umgekehrt ☆ VM TH2 S. 13–16; LM TH2 S. 8, 9	LKV 13 KV 39
❷ stellengerecht addieren und subtrahieren					★ den Zahlenschieber zu Hilfe nehmen ★ in Partnerarbeit besprechen, wie die Stellen verändert werden müssen und warum ☆ dem Partner eine Kopfrechenaufgabe mit schwierigerem Summand/Subtrahend stellen und dann gemeinsam über das Ergebnis sprechen	KV 37, KV 38, KV 40, KV 41*, KV 60*
❸ Zahlen geschickt zusammenfassen, um einfacher im Kopf rechnen zu können					★ gemeinsam mit einem Partner darüber austauschen, welches geschickte Vorgehen man zur Lösung der Aufgabe anwenden könnte ★ in Partnerarbeit eigene Aufgaben ausdenken, in Einzelarbeit lösen und dann mit dem Partner über die Ergebnisse sprechen ☆ kompliziertere Aufgaben in höherem Zahlbereich selbst ausdenken und die Lösung notieren, dann vom Partner lösen lassen und die Lösungen vergleichen ☆ VM TH2 S. 23	KV 42

kann	s	ü	t	n	★ Förderhinweise / ☆ Förderhinweise bzw. Fördermaterial*	LKV/KV
❹ Aufgaben durch Vereinfachen geschickt rechnen					★ die verschiedenen Prinzipien für vorteilhaftes Rechnen noch einmal anhand von Beispielen wiederholen und erklären, ggf. alternative Rechenwege erproben und über Vor- und Nachteile sprechen ★ gemeinsam mit einem Partner jede Aufgabe dahingehend besprechen, wie man die Aufgabe vorteilhaft rechnen könnte und dann ggf. verschiedene Rechenwege ausprobieren und über Vor- und Nachteile austauschen ☆ komplexere Aufgaben, ggf. zusätzlich auch in höherem Zahlbereich, zu einer Zielzahl finden und durch Lösen die Korrektheit der gefundenen Aufgabe überprüfen ☆ VM TH2 S. 19, 22	KV 42
Test 2b (1): Additionsaufgaben in mehreren Schritten lösen						
❶ Additionsaufgaben in Schritten auf mehrere Arten lösen					★ Aufgaben in niedrigerem Zahlbereich nach dem gleichen Schema lösen, dann den Zahlbereich schrittweise erhöhen ★ Lernsoftware: „Halbschriftlich addieren – mehrere Schritte" ☆ weitere Lösungswege finden und erproben, dann über Vor- und Nachteile mit einem Partner austauschen ☆ zu ähnlichen Aufgaben im Zahlbereich > 1 000 000 möglichst viele verschiedene Lösungswege finden und dann mit den Lösungswegen und Lösungen des Partners vergleichen und ggf. darüber austauschen ☆ VM TH2 S. 28	LKV 14, LKV 15, KV 43, KV 61
❷ vorgegebene Rechenschritte als Additionsaufgabe darstellen					★ die (Aufgaben b) und c) ebenso wie a) auf dem Zahlenstrahl darstellen, dann als Addition notieren ★ eigene Additionen als Rechenschritte auf dem Rechenstrich darstellen ★ Lernsoftware: „Halbschriftlich addieren – mehrere Schritte" ☆ komplexere Aufgaben mit einer festgelegten Anzahl von Rechenschritten lösen, z. B. mit 5 Rechenschritten, dann mit 4 Rechenschritten, dann ..., um verschiedene Lösungsmöglichkeiten zu finden ☆ VM TH2 S. 30; LM TH2 S. 14	LKV 14, LKV 15, KV 61

Test 2b (2): Subtraktionsaufgaben in mehreren Schritten lösen

❶ Subtraktionsaufgaben in Schritten auf mehrere Arten lösen

- ★ Aufgaben in niedrigerem Zahlbereich nach dem gleichen Schema lösen, dann den Zahlbereich schrittweise erhöhen
- ★ Lernsoftware: „Halbschriftlich subtrahieren – mehrere Schritte"
- ☆ weitere Lösungswege finden und erproben, dann über Vor- und Nachteile mit einem Partner austauschen
- ☆ zu ähnlichen Aufgaben im Zahlbereich > 1 000 000 möglichst viele verschiedene Lösungswege finden und dann mit den Lösungswegen und Lösungen des Partners vergleichen und ggf. darüber austauschen
- ☆ VM TH2 S. 29

Verweise: LKV 14, LKV 15, KV 44, KV 61

❷ vorgegebene Rechenschritte als Subtraktionsaufgabe darstellen

- ★ die Aufgaben b) und c) ebenso wie a) auf dem Zahlenstrahl darstellen, dann als Subtraktion notieren
- ★ eigene Subtraktionen als Rechenschritte auf dem Rechenstrich darstellen
- ★ Lernsoftware: „Halbschriftlich subtrahieren – mehrere Schritte"
- ☆ komplexere Aufgaben mit einer festgelegten Anzahl von Rechenschritten lösen, z. B. mit 5 Rechenschritten, dann mit 4 Rechenschritten, dann ..., um verschiedene Lösungsmöglichkeiten zu finden

Verweise: LKV 14, LKV 15

Test 2c: Schriftlich addieren und subtrahieren

❶ Additions- und Subtraktionsaufgaben sinnvoll runden und eine Überschlagsrechnung bilden

- ★ die Rundungsregeln gemeinsam wiederholen und an Beispielen anwenden
- ★ den Grund, warum man rundet oder eine Überschlagsrechnung macht, gemeinsam wiederholen
- ★ Aufgaben in niedrigerem Zahlbereich lösen, dann den Zahlbereich schrittweise erhöhen
- ☆ Aufgaben im Zahlenbereich > 1 000 000 im Kopf gemeinsam mit einem Partner bearbeiten und mit Hilfe des Partners die gefundenen Lösungen kontrollieren und ggf. besprechen

Verweise: KV 45, KV 46

❷ Additions- und Subtraktionsaufgaben schriftlich lösen und mit einer Überschlagsrechnung kontrollieren

- ★ gemeinsam die Regeln des stellengerechten Notierens von schriftlich zu rechnenden Additionen und Subtraktionen wiederholen
- ★ gemeinsam die Prinzipien der Notation beim schriftlichen Addieren/Subtrahieren wiederholen
- ★ die infrage kommende Überschlagsrechnung in Partnerarbeit erarbeiten und notieren, dann in Einzelarbeit die Aufgabe schriftlich lösen und danach die Lösung mit dem Partner vergleichen
- ★ Lernsoftware: „Schriftlich addieren"
- ★ Lernsoftware: „Schriftlich subtrahieren – abziehen" und „Schriftlich subtrahieren – abziehen: fehlende Ziffern eintragen" bzw. „Schriftlich subtrahieren – ergänzen" und „Schriftlich subtrahieren – ergänzen: fehlende Ziffern eintragen"
- ☆ Aufgaben im höheren Zahlenbereich rechnen
- ☆ Aufgaben gemeinsam im Kopf überschlagen und durch geschicktes Rechnen bzw. schrittweises Rechnen überwiegend im Kopf lösen

Verweise: LKV 16, KV 46–48, KV 50*, KV 51

kann	s	ü	t	n	★ Förderhinweise ☆ Förderhinweise bzw. Fördermaterial*	LKV/KV
❸ Additions- und Subtraktionsaufgaben schriftlich lösen und mit der Umkehraufgabe kontrollieren					★ gemeinsam wiederholen, wie die Umkehraufgabe gebildet wird und wozu man sie nutzen kann ★ gemeinsam die Höhe des Ergebnisses per Überschlagsrechnung eingrenzen, dann einzeln schriftlich rechnen und mit der Überschlagsrechnung vergleichen ★ Lernsoftware: „Schriftlich addieren" Lernsoftware: „Schriftlich subtrahieren – abziehen" und „Schriftlich subtrahieren – abziehen: fehlende Ziffern eintragen" bzw. „Schriftlich subtrahieren – ergänzen" und „Schriftlich subtrahieren – ergänzen: fehlende Ziffern eintragen" ☆ Aufgaben im höheren Zahlenbereich rechnen ☆ VM TH2 S. 34, 35, 38, 39, 41, 42	LKV 16 KV 47, KV 48
Test 2d: Mit Kommazahlen rechnen						
❶ Kommazahlen schriftlich addieren und dafür ggf. vorher in die gleiche Einheit umwandeln					★ gemeinsam besprechen, warum man vorher in die gleiche Einheit umwandeln muss und ggf. gemeinsam bewusst eine Aufgabe mit verschiedenen Einheiten berechnen, danach die Aufgabe nochmal mit gleichen Einheiten berechnen und sich über die verschiedenen Ergebnisse austauschen; danach einen Merkzettel schreiben, dass Aufgaben mit verschiedenen Einheiten erst in die gleiche Einheit umgewandelt werden müssen, ehe man damit rechnen kann ★ verschiedene Rechenwege ausprobieren, um zum Ergebnis zu kommen; die Ergebnisse jeweils vergleichen und besprechen, welcher Rechenweg am einfachsten zu rechnen ist und warum ★ Lernsoftware: „Kilometer, Meter, Zentimeter, Millimeter" ☆ Additionsaufgaben mit drei oder mehr verschiedenen Längeneinheiten finden, dann berechnen und vom Partner kontrollieren lassen ☆ Additionsaufgaben mit € und ct finden, dann berechnen und vom Partner korrigieren lassen ☆ VM TH2 S. 48	LKV 17 KV 52
❷ eine Sachaufgabe zum Thema Geld mit Kommazahlen lösen					★ gemeinsam mit einem Partner die Aufgabe „übersetzen", dann die Rechnung bestimmen, notieren und anschließend berechnen ★ gemeinsam besprechen, warum es wichtig sein kann, Geld zu sparen ☆ eine eigene Sachaufgabe mit Kommazahlen schreiben, die Rechnung notieren incl. Ergebnis und dann vom Partner berechnen lassen	LKV 17 KV 52

Test 2e: Mit Liter und Milliliter umgehen

❶ Einheiten umwandeln: Liter in Milliliter umwandeln und umgekehrt	★ gemeinsam besprechen, wie und warum man Einheiten in andere Einheiten umwandelt ★ gemeinsam die Umwandlung an verschiedenen Beispielen vollziehen und die Kinder ihre Überlegungen laut formulieren lassen ★ die Umwandlung von ml in l besprechen und auch von l in ml, ebenso 1 l, ¾ l, 1/2 l, ¼ l, 1/8 l ★ einen 1-l-Messbecher verwenden und die Kinder die Skala deuten und erklären lassen, dann Messübungen mit Liter- und Milliliter-Angaben vollziehen lassen und auch die üblichen Brüche ☆ größere Zahlen (bis 5-stellig) von ml in l umwandeln lassen, ebenso umgekehrt	LKV 18 KV 57
❷ Zahlen mit Hohlmaßen der Größe nach ordnen	★ gemeinsam besprechen, welche Informationen man benötigt, um die Angaben der Größe nach sortieren zu können ★ die angegebenen Angaben mit dem Messbecher abmessen und in beschriftete, gleich große Gefäße umfüllen, dann der Größe nach sortieren und noch einmal über die Angaben auf den Bechern sprechen, um diese besser einordnen zu können ★ Lernsoftware: „Liter und Milliliter" ☆ auch größere Angaben der Größe nach sortieren	LKV 18, LKV 19 KV 56
❸ Lücken in einer Tabelle errechnen und hierzu Einheiten passend umwandeln	★ gemeinsam besprechen, wie man die Systematik der Tabelle herausfinden kann und was in die Lücken geschrieben werden muss ★ gemeinsam einzelne Felder der Tabelle berechnen und die Überlegungen laut formulieren ☆ eine eigene Tabelle zu anderen Lebensmitteln erstellen und die Lösungen notieren; der Partner löst die Aufgaben in der Tabelle ☆ LM TH2 S. 34	LKV 20
❹ Sachaufgabe zum Hohlmaß Liter mit verschiedenen Vorgaben lösen	★ gemeinsam die Aufgabenstellung „übersetzen", dann die Vorgehensweise besprechen ★ Lernsoftware: „Liter und Milliliter - Sachaufgaben" ☆ eine eigene Sachaufgabe zu ml und l schreiben incl. Lösung ☆ VM TH2 S. 58, 59, 61, 63; LM TH2 S. 34, 35, 37, 39	KV 58*

Test 2f: Sachaufgaben lösen

❶ Sachaufgabe zu Einwohnerzahlen und Anzahl von Kraftfahrzeugen lösen	★ gemeinsam die Aufgabenstellung „übersetzen", dann die Vorgehensweise besprechen ☆ eine eigene Sachaufgabe zu 4- bis 6-stelligen Zahlenangaben schreiben incl. Lösung ☆ VM TH2 S. 49–51; LM TH2 S. 27–29	KV 53*–55*
❷ Sachaufgabe zum Thema „Geld" und zum Thema „Liter" lösen	★ gemeinsam die Aufgabenstellung „übersetzen", dann die Vorgehensweise besprechen ★ Lernsoftware: „Liter und Milliliter - Sachaufgaben" ★ eine eigene Sachaufgabe zu verschiedenen Zahlenangaben incl. Einheit im selbst gewählten Zahlenraum schreiben incl. Lösung	KV 51

Test 3a: Vielfache und Teiler finden

1 Bestimme jeweils mindestens sechs Vielfache.

a) $V_5 =$ _____

b) $V_3 =$ _____

c) $V_6 =$ _____

2 Bestimme jeweils mindestens fünf gemeinsame Vielfache.

a) $V_{3,\,4} =$ _____

b) $V_{2,\,3} =$ _____

c) $V_{4,\,6} =$ _____

3 Ergänze die Aussagen.

a) Die Vielfachen von 14 sind gemeinsame Vielfache von ☐ und ☐ .

b) Die Zahlen der Zwölferreihe (12er-Reihe) sind gemeinsame Vielfache

von ☐ und ☐ .

c) Die gemeinsamen Vielfachen von 3 und 5 sind die Zahlen der ☐ er-Reihe.

4 Bestimme alle Teiler.

a) $T_{36} =$ _____

b) $T_{48} =$ _____

c) $T_{63} =$ _____

5 Bestimme alle gemeinsamen Teiler.

a) $T_{12,\,18} =$ _____

b) $T_{45,\,80} =$ _____

c) $T_{24,\,30} =$ _____

6 Ergänze die Aussagen.

a) Eine Zahl, die 12 als Teiler hat, ist auch durch ☐ und ☐ teilbar.

b) ☐ hat 3 und 4 als gemeinsame Teiler und ist größer als 30 und kleiner als 40.

c) Eine Zahl, die 2 und 3 als gemeinsame Teiler hat, ist durch ☐ teilbar.

Wie kann ich die Aufgabe lösen?
☺ kann ich gut lösen; ☺ kann ich nur zum Teil gut lösen; ☹ kann ich nicht lösen

Test 3b: Zwei- und dreistellige Zahlen multiplizieren und dividieren

❶ Löse die Aufgaben. Schreibe deine Rechenschritte auf.

a) 7 · 18 = ☐   **b)** 9 · 38 = ☐   **c)** 92 · 5 = ☐

d) 4 · 239 = ☐   **e)** 6 · 185 = ☐   **f)** 312 · 8 = ☐

❷ Löse die Aufgaben. Schreibe deine Rechenschritte auf.

a) 96 : 6 = ☐   **b)** 72 : 4 = ☐   **c)** 95 : 5 = ☐

d) 472 : 8 = ☐   **e)** 528 : 4 = ☐   **f)** 591 : 3 = ☐

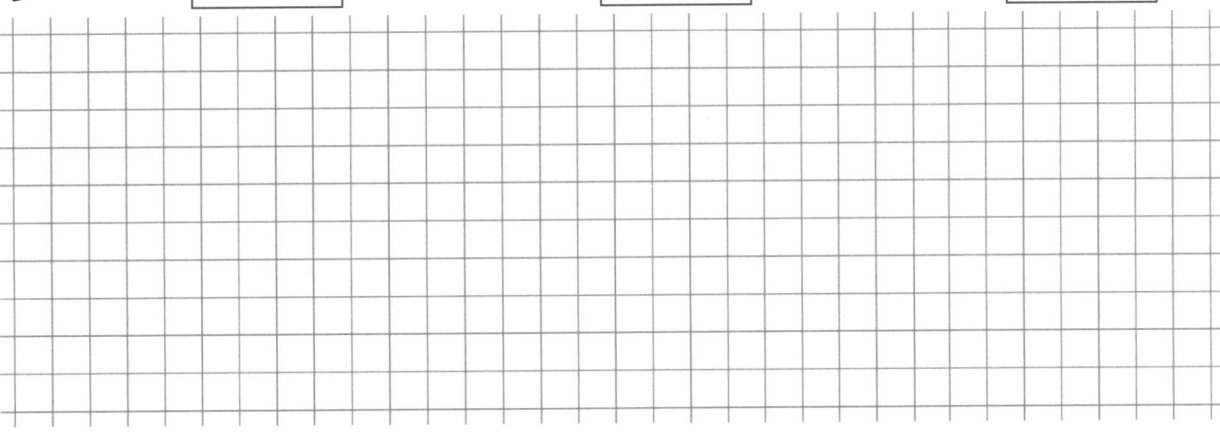

Wie kann ich die Aufgabe lösen?
☺ kann ich gut lösen; ☺ kann ich nur zum Teil gut lösen; ☹ kann ich nicht lösen

Test 3c: Mehrstellige Zahlen multiplizieren und dividieren

1 Löse die Aufgaben.

a) $4000 \cdot 8 =$ ☐   b) $5 \cdot 70000 =$ ☐   c) $300 \cdot 9 =$ ☐

d) $30 \cdot 600 =$ ☐   e) $50 \cdot 3000 =$ ☐   f) $6000 \cdot 400 =$ ☐

2 Finde zu den Ergebniszahlen verschiedene Multiplikationsaufgaben.

a) ☐ $\cdot$ ☐ $= 45000$ b) ☐ $\cdot$ ☐ $= 360000$

☐ $\cdot$ ☐ $= 45000$ ☐ $\cdot$ ☐ $= 360000$

3 Löse die Aufgaben.

a) $6000 : 3 =$ ☐   b) $24000 : 8 =$ ☐   c) $540000 : 9 =$ ☐

d) $32000 : 40 =$ ☐   e) $4200 : 700 =$ ☐   f) $560000 : 700 =$ ☐

4 Rechne in mehreren Schritten und schreibe jeweils das Ergebnis auf.

a) $3427 \cdot 4 =$ ☐   b) $9648 : 3 =$ ☐

5 Bestimme jeweils die Aufgaben mit Lösung, die zu den Teilaufgaben gehört.

a) ☐ $\cdot$ ☐ $=$ ☐   b) ☐ $:$ ☐ $=$ ☐

$6000 \cdot 5 =$ ☐ $8000 : 8 =$ ☐

$400 \cdot 5 =$ ☐ $560 : 8 =$ ☐

$30 \cdot 5 =$ ☐ $32 : 8 =$ ☐

$7 \cdot 5 =$ ☐

Wie kann ich die Aufgabe lösen?
☺ kann ich gut lösen; 😐 kann ich nur zum Teil gut lösen; ☹ kann ich nicht lösen

Test 3d: Passende Multiplikations- und Divisionsaufgaben finden

1 Ergänze jeweils Rechnung und Antwort.

a) Benjamin möchte sich ein neues Fahrrad zum Preis von 642€ kaufen. Die Hälfte des Kaufpreises bekommt er von seinen Eltern, 100€ hat er bereits gespart.

Wie viel Geld fehlt ihm noch?

A: _____

_____

b) Herr Bauer bezahlt für acht Übernachtungen im Hotel 560€. Frau Maurach übernachtet im gleichen Hotel nur fünfmal.

Wie viel muss sie bezahlen?

A: _____

_____

2 Finde zu jeder Rechengeschichte die passende Rechnung, löse sie und ergänze den Antwortsatz.

a) Ein Ausflugsschiff legt viermal täglich voll besetzt mit 168 Personen am Zielort an.

Es haben insgesamt ☐ Personen an der Schifffahrt teilgenommen.

b) Bei jeder Fahrt gab es vier Freikarten.

Jeweils ☐ Gäste haben die Fahrt bezahlt.

c) Jeweils vier Gäste sitzen an einem Tisch.

Auf dem Schiff gab es ☐ voll besetzte Tische.

Wie kann ich die Aufgabe lösen?
☺ kann ich gut lösen; ☺ kann ich nur zum Teil gut lösen; ☹ kann ich nicht lösen

Test 3e: Rechte Winkel und Parallelen überprüfen und zeichnen

1 Überprüfe mit deinem Geodreieck, welche der beiden Linien jeweils senkrecht zueinander stehen. Kreuze diese an.

a) □   b) □   c) □

 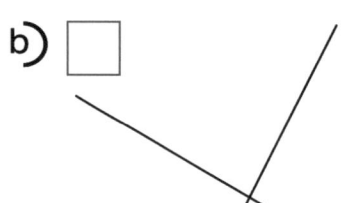 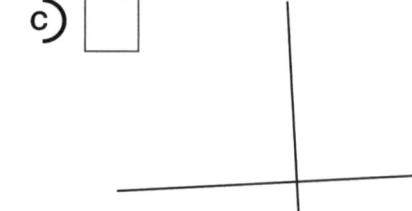

2 Zeichne mit dem Geodreieck …

a) … ein Rechteck mit der Länge 45 mm und der Breite 30 mm.

b) … ein Quadrat mit der Seitenlänge 4 cm.

3 Überprüfe mit dem Geodreieck, welche beiden Linien parallel zueinander sind. Kreuze an.

a) □   b) □   c) □

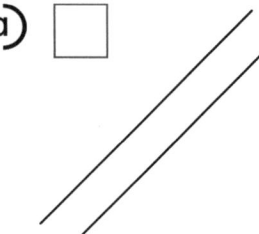 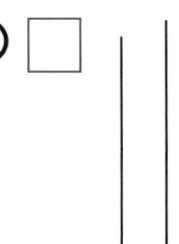 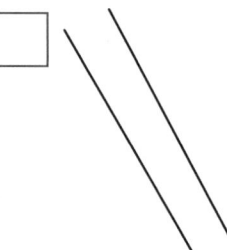

4 Zeichne zwei zueinander parallele Linien …

a) … mit dem Abstand 1,5 cm.   b) … mit dem Abstand 20 mm.

Wie kann ich die Aufgabe lösen?
☺ kann ich gut lösen; ☺ kann ich nur zum Teil gut lösen; ☹ kann ich nicht lösen

Test 3f: Mit dem Geodreieck symmetrische Figuren zeichnen und erkennen

1 Zeichne mit Hilfe des Geodreiecks zu jeder Figur die Spiegelfigur.

a) 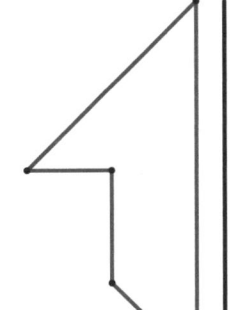　　　　b)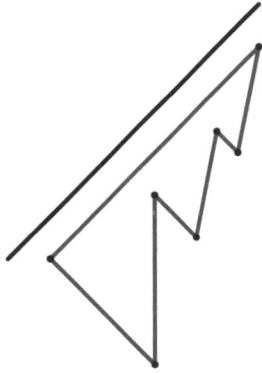

2 Spiegle jeweils die Figur nacheinander an den beiden eingezeichneten Achsen.

a) 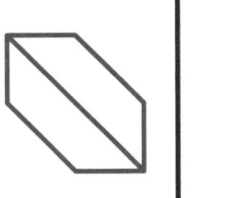　　　　b)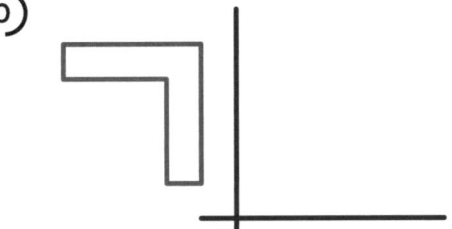

3 Betrachte die Figuren genau. Kreuze an, welche Figuren achsensymmetrisch sind. Zeichne alle Symmetrieachsen ein.

a) 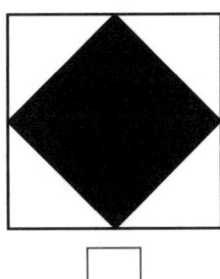　　b) 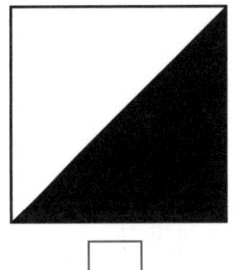　　c)

☐　　　　☐　　　　☐

Wie kann ich die Aufgabe lösen?
☺ kann ich gut lösen; ☺ kann ich nur zum Teil gut lösen; ☹ kann ich nicht lösen

Diagnosebogen zu den Tests zum Themenheft 3 *Multiplikation und Division bis 1 000 000 / Geometrie Teil 1 – Geodreieck, Symmetrie*

HRU: Allgemeine Hinweise, Anregungen für den Unterricht, individuelle Förderung und Arbeit im Plenum s. S. 151–155;
Kompetenzraster: Kom Ü1, Kom Ü2 L und Kom Ü2 V; Beobachtungsbogen „Allgemeine mathematische Kompetenzen": BBK; Lehrerkopiervorlagen: LKV 22–31;
Kompetenzbögen: Kom 3a–3d; Beobachtungsbögen: BB 3a–3b; Tests: Test 3a–3b; Tests mit besonderen Anforderungen: Test mbA 3a–3b
Kopiervorlagen: KV 62–85, Blanko: KV 86–89
Lernsoftware Interaktive Übungen: Zahlen und Operationen: Multiplikation und Division bis 1 000 000
Raum und Form: Raum und Form

s = sicher; **ü** = überwiegend sicher; **t** = teilweise; **n** = noch nicht

kann	s	ü	t	n	★ Förderhinweise ☆ **F**örderhinweise bzw. **F**ördermaterial*	LKV/KV
Test 3a: Vielfache und Teiler finden						
❶ jeweils 6 Vielfache von 3 verschiedenen Zahlen bestimmen					★ jeweils einzelne Hundertertafeln für die verschiedenen Einmaleinsreihen anlegen, um das Prinzip der Vielfachen noch einmal isoliert betrachten zu können, dann alle benötigten Reihen in einer Tafel kombinieren (mit jeweils verschiedener farblicher Kennzeichnung) ★ die Einmaleinsreihen des kleinen Einmaleins bis 10 wiederholen und ggf. weiter üben, um sie zu automatisieren und als Hilfe für größere Aufgaben nutzen zu können ☆ Vielfache des großen Einmaleins bestimmen und ggf. Zusammenhänge erklären	LKV 22, LKV 23 KV 62–67 KV 72
❷ jeweils 5 gemeinsame Vielfache von jeweils 2 vorgegebenen Zahlen bestimmen					★ die vorgegebenen Reihen mit verschiedenen Farben in einer Hundertertafel markieren und dann die gemeinsamen Vielfachen bestimmen und ggf. weitere Auffälligkeiten benennen und erklären ★ Lernsoftware: „Vielfache finden" ☆ gemeinsame Vielfache zu drei und mehr vorgegebenen Zahlen finden ☆ möglichst viele gemeinsame Vielfache zu vorgegebenen Zahlen finden	LKV 23 KV 72
❸ Aussagen zu Vielfachen vervollständigen					★ die Aussagen jeweils mit Hilfe von Markierungen in der Hundertertafel verifizieren bzw. erklären ☆ eigene Aussagen zu Vielfachen schreiben und vom Partner überprüfen lassen	LKV 23 KV 72
❹ Teiler verschiedener Zahlen bestimmen					★ überlegen, in welcher Einmaleinsreihe die vorgegebene Zahl vorkommen könnte bzw. welche Einmaleinsreihen von vornoherein ausgeschlossen werden können ★ zu vorgegebenen Zahlen systematisch alle Teiler bestimmen – hierzu gemeinsam klären, wie systematisches Vorgehen aussehen könnte ☆ gemeinsame Teiler von 3 und mehr Zahlen bzw. Zahlen in höherem Zahlenraum selbst finden und vom Partner überprüfen lassen ☆ VM TH3 S. 14	LKV 23 KV 62–67, KV 71, KV 72

	Aktivitäten	KV
⑤ gemeinsame Teiler verschiedener Zahlen bestimmen	★ gemeinsam überlegen, in welchen Einmaleinsreihen die jeweilige Zahl vorkommt und ggf. anhand einer Hundertertafel überprüfen ☆ Teiler von größeren Zahlen bestimmen ☆ Zahlen finden, zu denen es möglichst wenige Teiler gibt	LKV 23 KV 62–67, KV 70–72
⑥ Aussagen zu Teilern vervollständigen	★ die Aussagen gemeinsam „übersetzen", dann überlegen, welche Antworten passen könnten und auf Richtigkeit überprüfen ★ Lernsoftware: „Teiler und Teilbarkeitsregeln" ☆ selbst Aussagen zu Teilern formulieren incl. Lösung und vom Partner lösen lassen	KV 72
Test 3b: Zwei- und dreistellige Zahlen multiplizieren und dividieren		
❶ Multiplikationsaufgaben mit zwei- und dreistelligen Zahlen in Schritten lösen	★ gemeinsam besprechen, welche Rechenschritte möglich sind und diese dann auf Effizienz überprüfen ★ vorab gemeinsam überlegen, wie viele Rechenschritte notwendig sein könnten ★ durch Überschlagen sich der möglichen Lösung annähern und während des Rechnens immer wieder überprüfen, ob das Ergebnis sich ungefähr im Bereich des Überschlags befindet ★ Lernsoftware: „Halbschriftlich multiplizieren" ☆ Multiplikationsaufgaben in höherem Zahlbereich in Schritten lösen, ggf. auch geschicktes Rechnen in den Fokus stellen und dann die Aufgaben lösen	LKV 24 KV 68–70, KV 73, KV 86, KV 87
❷ Divisionsaufgaben mit zwei- und dreistelligen Zahlen in Schritten lösen	★ gemeinsam besprechen, welche Rechenschritte möglich sind und diese dann auf Effizienz überprüfen ★ vorab gemeinsam überlegen, wie viele Rechenschritte notwendig sein könnten ★ durch Überschlagen sich der möglichen Lösung annähern und während des Rechnens immer wieder überprüfen, ob das Ergebnis sich ungefähr im Bereich des Überschlags befindet ★ Lernsoftware: „Halbschriftlich dividieren" ☆ Divisionsaufgaben in höherem Zahlbereich in Schritten lösen, ggf. auch geschicktes Rechnen in den Fokus stellen und dann die Aufgaben lösen	LKV 24 KV 70, KV 74, KV 88, KV 89
Test 3c: Mehrstellige Zahlen multiplizieren und dividieren		
❶ Multiplikationsaufgaben mit mehreren Stellen lösen	★ Aufgaben in niedrigerem Zahlbereich nach dem gleichen Schema lösen, dann den Zahlbereich erweitern ★ gemeinsam besprechen, dass man auch erst die kleine Aufgabe rechnen kann und danach die große den Zahlenraum erweitern und eigene Aufgaben incl. Lösung schreiben und rechnen ☆ VM TH3 S. 22, 25; LM TH3 S. 15, 17	LKV 24 KV 75, KV 87
❷ zu vorgegebenen Lösungszahlen Multiplikationsaufgaben finden	★ gemeinsam überlegen, welche kleinen Aufgaben zum kleinen Ergebnis führen können, dann gemeinsam den möglichen Zahlenraum der Faktoren bestimmen ☆ Vorgaben machen, wie z. B., dass der erste Faktor im Zahlenraum bis … sein muss/größer als der zweite sein muss… ☆ eigene Multiplikationsaufgaben schreiben lassen incl. Lösung	KV 75*

kann	s	ü	t	n	★ Förderhinweise ☆ Förderhinweise bzw. Fordermaterial*	LKV/KV
❸ Divisionsaufgaben mit mehreren Stellen lösen					★ Aufgaben in niedrigerem Zahlbereich nach dem gleichen Schema lösen, dann den Zahlbereich erweitern ★ gemeinsam besprechen, dass man auch erst die kleine Aufgabe rechnen kann und danach die große ☆ den Zahlenraum erweitern und eigene Aufgaben incl. Lösung schreiben und rechnen	
❹ eine Multiplikationsaufgabe und eine Divisionsaufgabe in mehreren Schritten lösen					★ gemeinsam überlegen, welche Rechenschritte möglich und sinnvoll sind ☆ eigene Multiplikations- und Divisionsaufgaben finden incl. Lösung und im Wechselspiel mit dem Partner berechnen, dann über die Lösungen austauschen	
❺ zu vorgegebenen Rechenschritten die zugehörige Aufgabe finden					★ gemeinsam überlegen, wie die zugehörige Aufgabe aussehen könnte und erklären, warum die Rechenschritte wie dargestellt gewählt wurden, ggf. erst die kleine Aufgabe zur Lösung der Teilaufgaben berechnen ☆ selbst Aufgaben nach dem vorgegebenen Schema entwickeln, ggf. mit weiteren Platzhaltern	LKV 24 KV 73*, KV 74*, KV 87, KV 89
Test 3d: Passende Multiplikations- und Divisionsaufgaben finden						
❶ zu Sachaufgaben zum Geld die passende Rechnung und Antwort finden					★ die Aufgaben ggf. begleitend mit Rechengeld nachspielen, um die Situationen begreifbarer zu machen ★ gemeinsam die Situationen „übersetzen" und dann überlegen, mit welchen Rechenschritten man die Lösung finden kann ☆ selbst Sachaufgaben schreiben incl. Lösung und durch den Partner lösen lassen, dann die Lösungen vergleichen und ggf. diskutieren	
❷ zu Rechengeschichten die passende Rechnung und Antwort finden					★ gemeinsam die Situationen „übersetzen" und dann überlegen, wie man die Lösung finden kann und ggf. verschiedene Lösungswege ausprobieren und dann diskutieren ☆ selbst Sachaufgaben schreiben incl. Lösung und durch den Partner lösen lassen, dann die Lösungen vergleichen und ggf. diskutieren	

Test 3e: Rechte Winkel und Parallelen überprüfen und zeichnen

Aufgabe	Hinweise	KV
❶ mit einem Geodreieck vorgegebene Linien daraufhin überprüfen, ob sie senkrecht zueinander stehen	★ gemeinsam wiederholen, worauf man beim korrekten Anlegen des Geodreiecks achten muss und warum ★ gemeinsam wiederholen, wie man das Geodreieck anlegen muss, um rechte Winkel zu erzeugen bzw. um zu überprüfen, ob ein rechter Winkel vorliegt/die Linien senkrecht zueinanderstehen ★ zuerst vermuten, ob in den Aufgaben die Linien senkrecht zueinanderstehen und dann mit dem Geodreieck auf Rechtwinkligkeit überprüfen ★ Lernsoftware: „Rechte Winkel" ☆ in Aufgaben mit mehreren rechten Winkeln bzw. annähernd rechten Winkeln die rechten Winkel kennzeichnen	KV 77
❷ ein Rechteck und ein Quadrat mit vorgegebenen Kantenlängen zeichnen	★ gemeinsam die Merkmale eines Rechtecks und eines Quadrates wiederholen ★ gemeinsam wiederholen, worauf es beim Anlegen des Geodreiecks ankommt, um senkrecht oder parallel zueinanderstehende Linien in vorgegebenen Längen zu zeichnen ★ Lernsoftware: „Vierecke und Dreiecke" ☆ besonders kleine oder auch besonders große Quadrate mit dem Geodreieck zeichnen ☆ VM TH3 S. 33, 35; LM TH3 S. 23	LKV 25, LKV 26
❸ mit einem Geodreieck parallel erscheinende Linien daraufhin überprüfen, ob sie wirklich parallel zueinander sind	★ gemeinsam wiederholen, wie man mit dem Geodreieck überprüfen kann, ob Linien zueinander parallel verlaufen ★ verschiedene Muster mit parallel zueinander verlaufenden Linien zeichnen bzw. ☆ verschiedene Muster mit nicht parallel zueinander verlaufenden Linien untersuchen und zeichnen ★ Lernsoftware: „Parallelen und Senkrechte"	KV 77, KV 78, KV 79*
❹ zueinander parallele Linien mit vorgegebenen Abständen zeichnen	★ gemeinsam wiederholen, wie man mit dem Geodreieck zueinander parallele Linien mit einem bestimmten Abstand zeichnen kann ☆ regelmäßige Muster mit definierten Abständen zueinander paralleler Linien mit dem Geodreieck erzeugen und ggf. colorieren ☆ VM TH3 S. 42–44; LM TH3 S. 28, 29	

Test 3f: Mit dem Geodreieck symmetrische Figuren zeichnen und erkennen

Aufgabe	Hinweise	KV
❶ mit Hilfe eines Geodreiecks vorgegebene Figuren spiegeln	★ gemeinsam besprechen, wie man das Geodreieck nutzen kann/muss, um die vorgegebenen Figuren zu spiegeln ☆ eigene Spiegelfiguren für den Partner entwickeln incl. Lösungen	LKV 28, KV 80

kann	s	ü	t	n	★ Förderhinweise ☆ Förderhinweise bzw. Fördermaterial*	LKV/KV
❷ vorgegebene Figuren an zwei verschiedenen Achsen spiegeln					★ gemeinsam besprechen, wie man das Geodreieck nutzen kann/muss, um die vorgegebenen Figuren zu spiegeln ★ gemeinsam besprechen, worin die Besonderheit der Spiegelung an zwei Achsen liegt ★ Lernsoftware: „Achsensymmetrie" ☆ eigene Spiegelfiguren für den Partner entwickeln, die an mehreren Achsen gespiegelt werden müssen, incl. Lösungen ☆ VM TH3 S. 51	LKV 29, KV 81*
❸ vorgegebene Figuren daraufhin überprüfen, ob sie achsensymmetrisch sind, und anschließend alle Symmetrieachsen einzeichnen					★ gemeinsam die Kriterien für Achsensymmetrie wiederholen ★ bei jeder der Figuren zuerst mutmaßen, ob die Figur achsensymmetrisch ist, incl. Begründung, dann erst die Symmetrieachsen einzeichnen ☆ eigene Figuren für den Partner entwickeln incl. Lösungen ☆ VM TH3 S. 46, 52–56; LM TH3 S. 34–36	LKV 27, LKV 30, LKV 31*, KV 80, KV 81*, KV 82, KV 85*

Test 4a: Schriftlich multiplizieren

1 Multipliziere schriftlich.

a) 3 2 1 · 3

b) 4 3 2 · 3

c) 2 1 2 1 · 3

d) 6 3 2 5 · 7

e) 8 7 5 6 · 8

f) 9 4 0 3 · 7

2 Multipliziere schriftlich und überprüfe mit der Überschlagsrechnung.

a) Ü:_____

6 4 3 0 8 · 4

b) Ü:_____

4 0 5 0 3 · 5

c) Ü:_____

6 0 2 0 0 · 3

3 Ergänze die fehlenden Ziffern.

a) 3 4 7 ☐ 6 · 5

1 7 3 5 8 0

b) 2 4 6 ☐ 0 4 · 3

☐ 4 0 4 1 ☐

c) 6 ☐ 2 ☐ 3 ☐ · 7

4 2 8 7 0 1 0

4 Multipliziere die Kommazahlen schriftlich.

a) 7, 5 3 € · 8

b) 1 7, 5 3 € · 6

c) 1 3 0, 0 5 € · 4

d) 1 3 7, 5 3 € · 6

5 Multipliziere schriftlich und überprüfe mit der Überschlagsrechnung.

a) Ü:_____

8 1 · 4 5

b) Ü:_____

5 8 7 · 2 3

c) Ü:_____

6 5 4 8 · 1 9

Wie kann ich die Aufgabe lösen?
☺ kann ich gut lösen; ☺ kann ich nur zum Teil gut lösen; ☹ kann ich nicht lösen

Test 4b: Rechengeschichten mit Kommazahlen lösen

1

a) Ergänze die Tabelle.

Saft	1	4	7	10
Preis	0,89€			

b) Wie viel kann man sparen, wenn man eine Großpackung Saft mit 12 Flaschen für 8,90€ kauft?

A: _____

_____

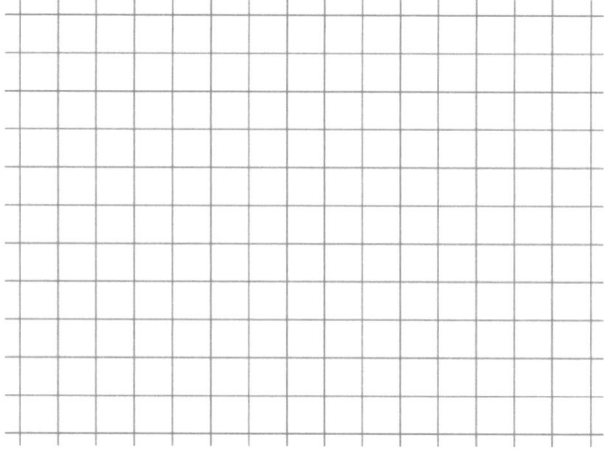

2 Die Grundschule Niederhall kauft 58 Mathematikbücher für je 17,80€.

F: _____

A: _____

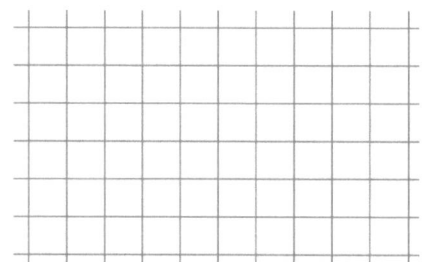

3 Beim Schulfest wurden 12 Kartons Orangensaft mit je 6 Flaschen verkauft. Aus einer Flasche wurden 5 Becher gefüllt, die für jeweils 0,25€ verkauft wurden.

Wie viel Geld wurde eingenommen?

A: _____

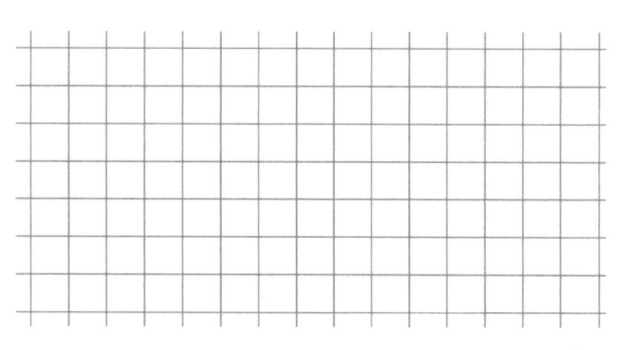

4 Lea spart für ein Paar neue Ski jeden Monat 7,80€. Nach neun Monaten hat sie die Hälfte des Kaufpreises gespart.

F: _____

A: _____

Wie kann ich die Aufgabe lösen?
☺ kann ich gut lösen; ☺ kann ich nur zum Teil gut lösen; ☹ kann ich nicht lösen

Test 4c: Kreise zeichnen, den Radius bestimmen

1 Zeichne Kreise mit dem …

a) … Radius 3 cm.   b) … Radius 3,5 cm.   c) … Radius 42 mm.

×M   ×M   ×M

2 Bestimme die Radien der Kreise. Zeichne jeweils den Radius in den Kreis ein.

a)   b)   c)

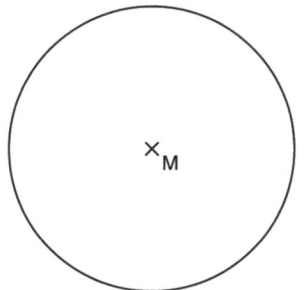   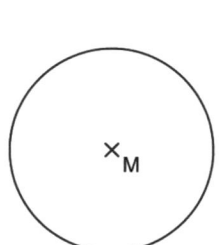

r = _____   r = _____   r = _____

3 Setze die Kreismuster fort.

a) 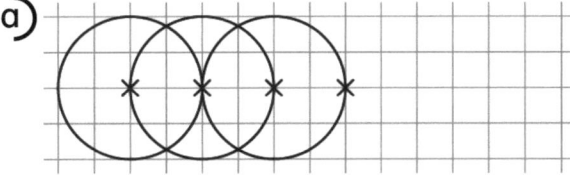   b)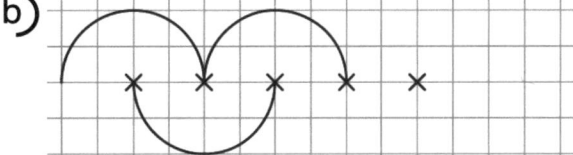

Wie kann ich die Aufgabe lösen?
☺ kann ich gut lösen; 😐 kann ich nur zum Teil gut lösen; ☹ kann ich nicht lösen

Test 4d: Mit Geodreieck und Zirkel zeichnen, Bruchteile bestimmen

1 Zeichne …

a) … ein Rechteck mit den Seitenlängen 6 cm und 3 cm.

b) … ein Quadrat mit der Seitenlänge 4 cm.

c) Zeichne jeweils einen Kreis um das Rechteck in Aufgabe **a)** und um das Quadrat in Aufgabe **b)**, der alle 4 Ecken berührt.

2 Schreibe als Bruch auf, welcher Anteil der Fläche jeweils eingefärbt ist.

a)   **b)**   **c)**

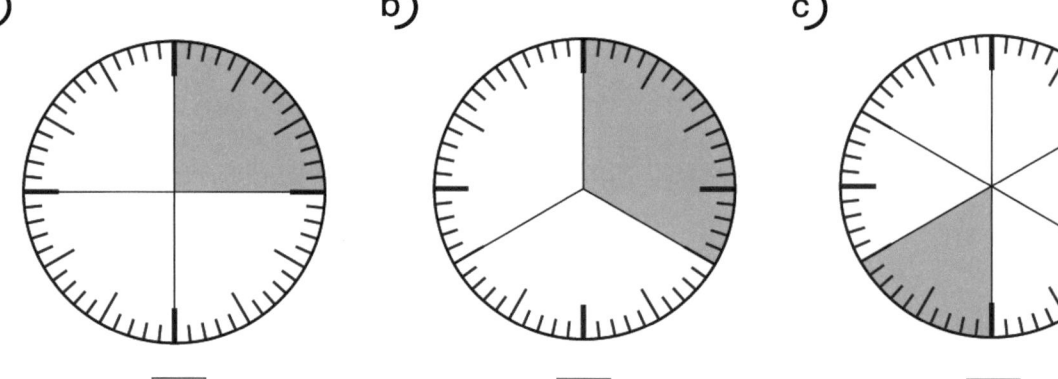

3 Färbe in den Quadraten jeweils den angegebenen Bruchteil der Fläche ein.

a)   **b)**   **c)**

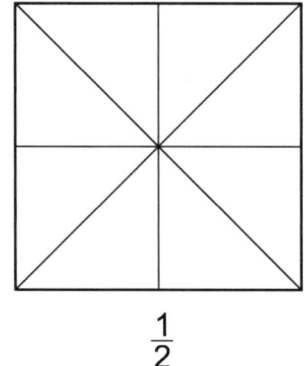
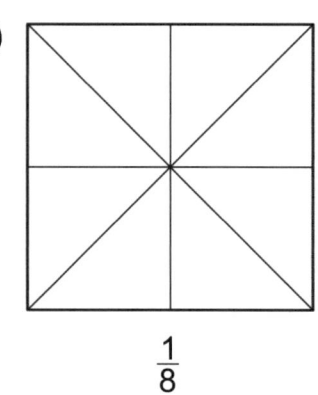

$\frac{1}{2}$ $\frac{1}{4}$ $\frac{1}{8}$

Wie kann ich die Aufgabe lösen?
☺ kann ich gut lösen; ☺ kann ich nur zum Teil gut lösen; ☹ kann ich nicht lösen

Einstern 4

Tests zum Themenheft 4 *Schriftliche Multiplikation / Daten, Häufigkeit, Wahrscheinlichkeit / Geometrie Teil 2 – Kreise und Muster*

Diagnosebogen zu den Tests zum Themenheft 4 *Schriftliche Multiplikation / Daten, Häufigkeit, Wahrscheinlichkeit / Geometrie Teil 2 – Kreise und Muster*

HRU: Allgemeine Hinweise, Anregungen für den Unterricht, individuelle Förderung und Arbeit im Plenum s. S. 180–188;
Kompetenzraster: Kom Ü1, Kom Ü2 L und Kom Ü2 V; Beobachtungsbogen „Allgemeine mathematische Kompetenzen": BBK; Lehrerkopiervorlagen: LKV 32–40;
Kompetenzbögen: Kom 4a–4e; Beobachtungsbögen: BB 4a–4b; Tests: Test 4a–4d; Tests mit besonderen Anforderungen: Test mbA 4a–4b
Kopiervorlagen: KV 90–115, Blanko: KV 116–120
Lernsoftware Interaktive Übungen: Zahlen und Operationen: Multiplikation und Division bis 1 000 000

s = sicher; ü = überwiegend sicher; t = teilweise; n = noch nicht

kann	s	ü	t	n	★ Förderhinweise ☆ Förderhinweise bzw. Fordermaterial*	LKV/KV
Test 4a: Schriftlich multiplizieren						
❶ 3- und 4-stellige Zahlen schriftlich mit einstelligen Zahlen multiplizieren					★ gemeinsam überlegen, welche Rechenschritte man beim halbschriftlichen Rechnen wählen würde ★ mit Hilfe einer Stellenwerttafel die notwendigen Rechenschritte vorab verdeutlichen ★ gemeinsam über die erwartete ungefähre Höhe des Ergebnisses austauschen ☆ Lernsoftware: „Schriftlich multiplizieren" ☆ Multiplikationsaufgaben mit höherstelligem Multiplikator lösen ☆ VM TH4 S. 17	LKV 32 KV 90–95, KV 96*
❷ 5-stellige Zahlen schriftlich mit einstelligen Zahlen multiplizieren und mit der Überschlagsrechnung prüfen					★ gemeinsam überlegen, welche Rechenschritte man beim halbschriftlichen Rechnen wählen würde ★ mit Hilfe einer Stellenwerttafel die notwendigen Rechenschritte vorab verdeutlichen ★ mit der Überschlagsrechnung verifizieren, ob das errechnete Ergebnis korrekt sein kann ☆ Multiplikationsaufgaben mit höherstelligem Multiplikator lösen ☆ VM TH4 S. 20	KV 92–97
❸ fehlende Ziffern in Multiplikationsaufgaben ergänzen					★ gemeinsam darüber austauschen, welche Ziffern an welcher Stelle möglich sind und begründen, warum ★ mit der Überschlagsrechnung überprüfen, ob die Höhe des Ergebnisses korrekt sein kann ★ Lernsoftware: „Schriftlich multiplizieren – fehlende Ziffern ergänzen" ☆ eigene Aufgaben mit fehlenden Ziffern schreiben	
❹ Zahlen mit Komma schriftlich multiplizieren					★ gemeinsam überlegen, worauf es ankommt, damit man das Komma des Ergebnisses beim Multiplizieren an die richtige Stelle setzt ☆ Aufgaben mit mehreren Stellen vor und nach dem Komma schriftlich multiplizieren	KV 98

Einstern 4

Tests zum Themenheft 4 *Schriftliche Multiplikation / Daten, Häufigkeit, Wahrscheinlichkeit / Geometrie Teil 2 – Kreise und Muster*

kann	s	ü	t	n	★ Förderhinweise ☆ Förderhinweise bzw. Fördermaterial*	LKV/KV
❺ 2- bis 4-stelligen Multiplikator mit 2-stelligem Multiplikand schriftlich multiplizieren					★ gemeinsam überlegen, welche Rechenschritte man beim halbschriftlichen Rechnen wählen würde ★ mit Hilfe einer Stellenwerttafel die notwendigen Rechenschritte vorab verdeutlichen ★ mit der Überschlagsrechnung verifizieren, ob das errechnete Ergebnis korrekt sein kann ★ mit einem Partner laut erst die notwendigen Rechenschritte sprechen, dann schreiben ☆ Multiplikationsaufgaben mit höherstelligem Multiplikator bzw. Multiplikand lösen und sich darüber austauschen, worin der Unterschied beim Rechnen liegt ☆ VM TH4 S. 22, 27, 30, 31; LM TH4 S. 14, 20–22	LKV 32 KV 99, KV 100, KV 101*, KV 104*
Test 4b: Rechengeschichten mit Kommazahlen lösen						
❶ Preise in einer Tabelle zu vorgegebenen Anzahlen berechnen und die Ersparnis einer Großpackung berechnen					★ gemeinsam die Rechengeschichte „übersetzen" und die notwendigen Rechenschritte überlegen, dann rechnen und die Antwort formulieren ★ gemeinsam besprechen, wie man bestimmte Anzahlen auch durch geschicktes Rechnen lösen könnte ☆ selbst Rechengeschichten schreiben, in denen Tabellen vorkommen, incl. Lösung ☆ VM TH4 S. 14	KV 98
❷ den Gesamtpreis für eine bestimmte Anzahl berechnen					★ gemeinsam die Rechengeschichte „übersetzen" und die notwendigen Rechenschritte überlegen, dann rechnen und die Antwort formulieren ★ diese Aufgabe umformulieren in eine Aufgabe mit Tabelle, dann noch verschiedene andere Bedingungen in die Tabelle eintragen und diese anschließend vom Partner lösen lassen ☆ eine Rechengeschichte mit 4- bis 5-stelligem Multiplikator schreiben incl. Ergebnis	
❸ aus verschiedenen Informationen einer Rechengeschichte die notwendigen Rechenschritte ableiten und berechnen					★ gemeinsam die Rechengeschichte „übersetzen" und die notwendigen Rechenschritte sowie deren Reihenfolge bestimmen, dann rechnen und die Antwort formulieren ☆ eine ähnliche Rechengeschichte mit mehreren Rechenschritten formulieren ☆ VM TH4 S. 15, 23, 28, 29; LM TH4 S. 10, 15, 18, 19	KV 117, KV 118
❹ die Frage und Antwort zu einer Sachaufgabe finden					★ gemeinsam die Rechengeschichte „übersetzen" und die notwendigen Rechenschritte sowie deren Reihenfolge bestimmen, dann rechnen und die Antwort formulieren ★ eine ähnliche Rechengeschichte im Zahlenraum bis 100 000 schreiben incl. Lösung	
Test 4c: Kreise zeichnen, den Radius bestimmen						
❶ Kreise mit vorgegebenen Radien zeichnen					★ gemeinsam die Begriffe Radius und Durchmesser wiederholen und dann laut sprechen, wie man die entsprechend geforderten Kreise zeichnen kann, dann die Zeichnung entsprechend vollziehen ☆ Kreise mit besonders großen und besonders kleinen Radien zeichnen ☆ Kreismuster ohne zugrundeliegendes Karoraster zeichnen	KV 106, KV 107 KV 109*, KV 110*

Einstern 4

Tests zum Themenheft 4 *Schriftliche Multiplikation / Daten, Häufigkeit, Wahrscheinlichkeit / Geometrie Teil 2 – Kreise und Muster*

		KV
❷ die Radien von vorgegebenen Kreisen bestimmen	★ gemeinsam überlegen, wie man den Radius der vorgegebenen Kreise bestimmen kann und worauf man beim Messen achten sollte, dann den Radius einzeichnen ☆ selbst verschieden große Kreise zeichnen und die zugehörige Lösung notieren	KV 109, KV 119
❸ Kreismuster fortsetzen	★ zuerst gemeinsam besprechen, wie das Muster erzeugt wurde (Mittelpunkt, Radius, „Überlappung" usw.), dann gemeinsam besprechen, wo der Zirkel das nächste Mal eingestochen werden muss, um das Muster korrekt fortsetzen zu können ☆ selbst komplexere Kreismuster ausdenken, ggf. auch mit verschiedenen Farben ☆ den Beginn komplexerer Kreismuster zeichnen, dann den Partner fortsetzen lassen ☆ VM TH4 S. 36, 41, 42, 53, 55, 56; LM TH4 S. 30, 40	
Test 4d: Mit Geodreieck und Zirkel zeichnen, Bruchteile bestimmen		
❶ Rechteck und Quadrat mit vorgegebenen Kantenlängen zeichnen	★ gemeinsam wiederholen, welche Definitionen für Quadrat und Rechteck gelten ★ gemeinsam wiederholen, wie man rechte Winkel/zueinander senkrechte Linien erzeugen kann ★ ggf. auf Karoraster zeichnen ★ gemeinsam wiederholen, wie man ein Geodreieck korrekt anlegt ☆ „Rechteckmuster" bzw. „Quadratmuster" mit jeweils gleichen Maßen erzeugen, ggf. auch verschiedenfarbige Muster ☆ VM TH4 S. 44, 45; LM TH4 S. 32	KV 110–112
❷ auf Zifferblättern eingefärbte Teilflächen als Bruch schreiben	★ zuerst gemeinsam überlegen, in wie viele Teile das Zifferblatt durch die Striche unterteilt wurde, dann überlegen, wie viele Teile davon dunkler eingefärbt wurden, dann besprechen, wie man daraus den Bruchteil angibt ☆ auch feinere Unterteilungen vornehmen, eine Fläche einfärben und deren Bruchteil an der Gesamtfläche angeben ☆ VM TH4 S. 46, 48; LM TH4 S. 33	LKV 39 KV 113*, KV 116
❸ Teilflächen in Quadraten entsprechend der Vorgabe einfärben	★ zuerst gemeinsam überlegen, in wie viele Teile das Quadrat durch die Striche unterteilt wurde, dann überlegen, wie viele Teile der angegebene Bruchteil umfasst, dann entsprechend einen Teil/Teile einfärben ☆ auch feinere Unterteilungen bei vorgezeichneten Quadraten vornehmen, eine Fläche einfärben und deren Bruchteil an der Gesamtfläche angeben ☆ ein Quadrat möglichst fein unterteilen und den kleinstmöglichen, noch gut erkennbaren Teil als Bruch schreiben	LKV 40 KV 114

Test 5a: Schriftlich dividieren (1)

1 Dividiere schriftlich. Trage anschließend jeweils dein Ergebnis ein.

a) $6825 : 3 =$ ☐

b) $12492 : 4 =$ ☐

c) $624723 : 3 =$ ☐

d) $149548 : 7 =$ ☐

Wie kann ich die Aufgabe lösen?
☺ kann ich gut lösen; ☺ kann ich nur zum Teil gut lösen; ☹ kann ich nicht lösen

Test 5b: Schriftlich dividieren (2)

2 Finde heraus, durch welche Zahlen dividiert wurde. Überprüfe deine Lösung durch schriftliches Dividieren oder die Umkehraufgabe.

a) $7835 : \boxed{} = 1567$

b) $23841 : \boxed{} = 2649$

c) $61152 : \boxed{} = 8736$

d) $148112 : \boxed{} = 18514$

Wie kann ich die Aufgabe lösen?
☺ kann ich gut lösen; ☺ kann ich nur zum Teil gut lösen; ☹ kann ich nicht lösen

Test 5c: Kommazahlen dividieren/durch Zehnerzahlen dividieren (1)

1 Dividiere schriftlich. Trage anschließend jeweils dein Ergebnis ein.

a) 236,10 € : 6 = [   ]

b) 9,45 m : 3 = [   ]

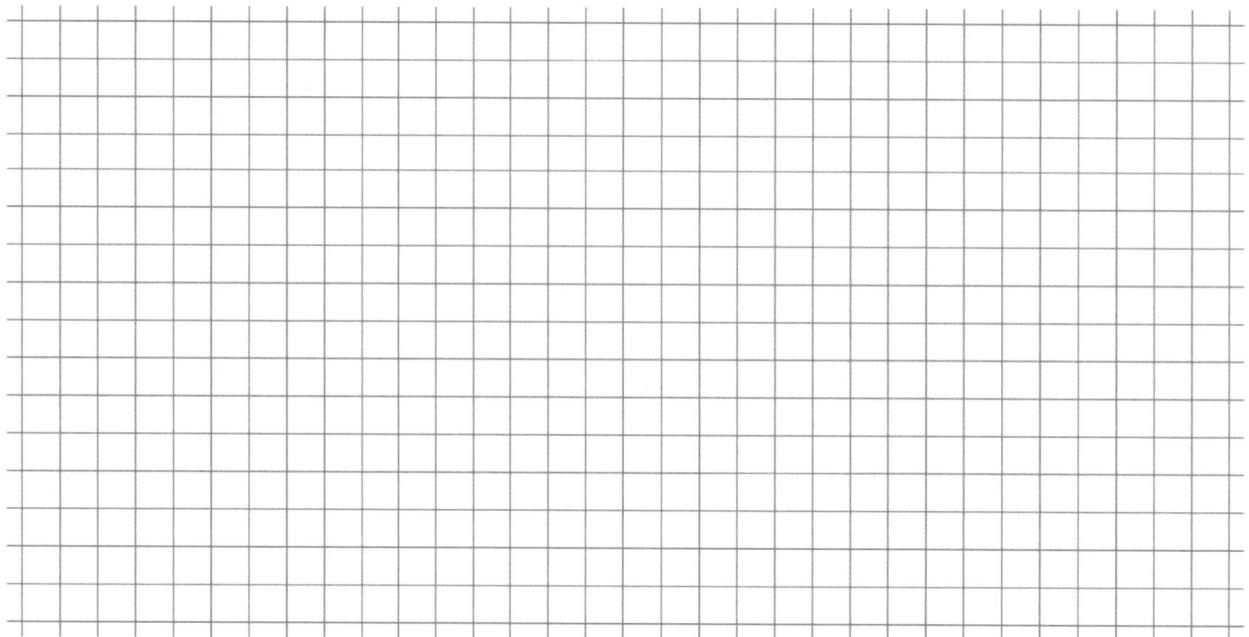

c) 52 320 : 80 = [   ]

d) 54 180 : 90 = [   ]

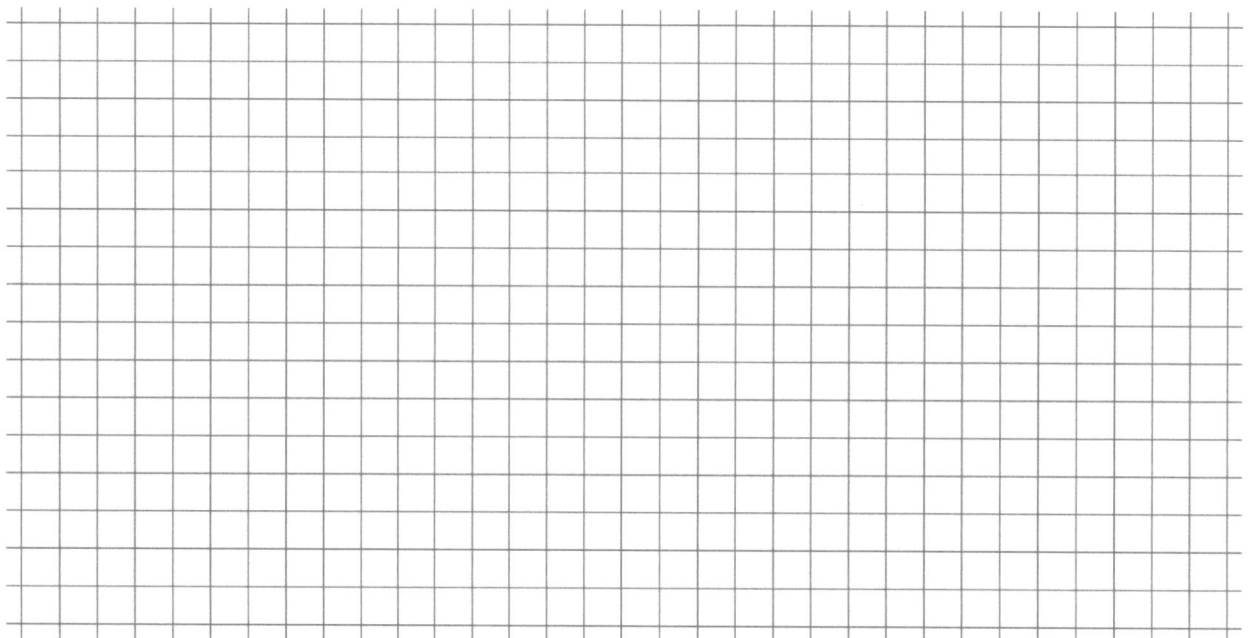

Wie kann ich die Aufgabe lösen?
☺ kann ich gut lösen; ☺ kann ich nur zum Teil gut lösen; ☹ kann ich nicht lösen

Test 5c: Kommazahlen dividieren/durch Zehnerzahlen dividieren (2)

2 Ergänze die Tabellen.

a)

Monate	1			
Beitrag	9€	108€	180€	225€

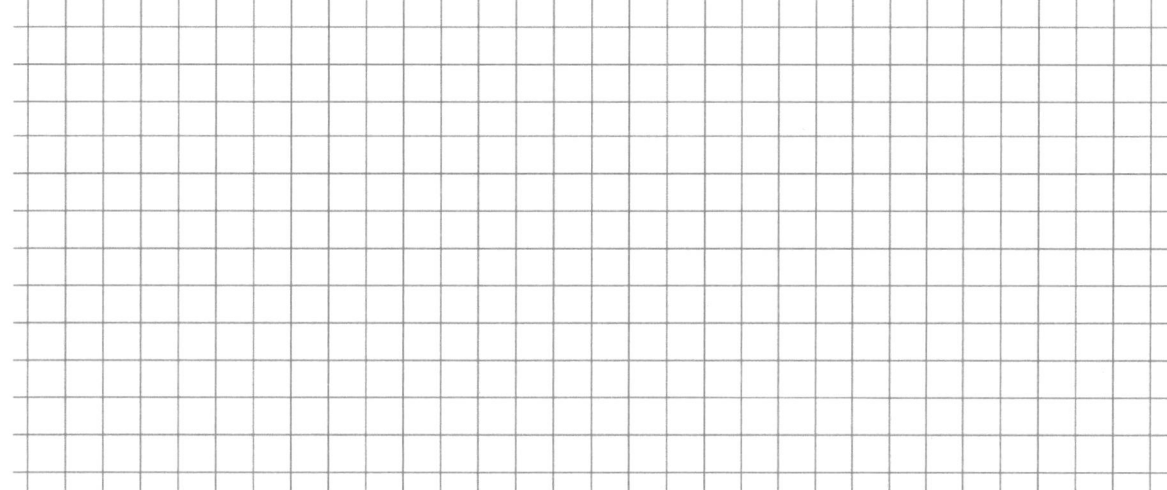

b)

Glasperlen	1			
Preis	0,07€	1,12€	1,75€	3,92€

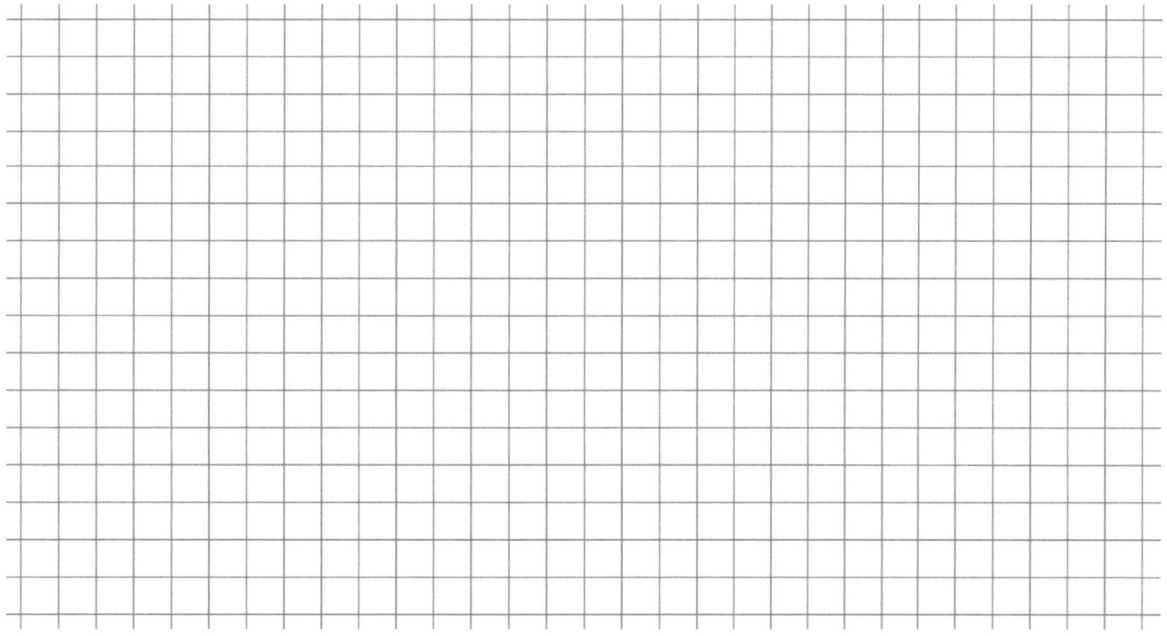

Wie kann ich die Aufgabe lösen?
☺ kann ich gut lösen; ☺ kann ich nur zum Teil gut lösen; ☹ kann ich nicht lösen

Test 5d: Teiler ermitteln

1 Umkreise alle Zahlen, die …

a) … 10 als Teiler haben.

165425, 90340, 71253

Begründung: _____

_____

b) … 2 als Teiler haben.

46781, 50620, 760184

Begründung: _____

_____

c) … 5 als Teiler haben.

725630, 40255, 12634

Begründung: _____

_____

d) … 4 als Teiler haben.

89624, 115925, 716812

Begründung: _____

_____

2 Setze Ziffern so ein, dass die Zahlen folgende Teiler haben:

a) Teiler 2

6 7 8 ☐ 4 1 2

5 4 3 2 ☐ 6

8 2 ☐ 7 3 4

b) Teiler 5

8 2 4 3 ☐ 5

7 1 6 5 3 ☐

5 3 ☐ 2 1 0

c) Teiler 4

9 2 7 6 2 ☐

8 2 3 5 3 ☐

5 1 2 3 ☐ 8

3 Umkreise die Aufgaben, bei denen du erkennen kannst, dass bei der Division ein Rest bleibt. Du kannst deine Vermutung durch die Rechnung prüfen.

a) 71522 : 10

b) 51636 : 4

c) 36425 : 5

d) 46813 : 2

e) 75637 : 5

f) 29754 : 4

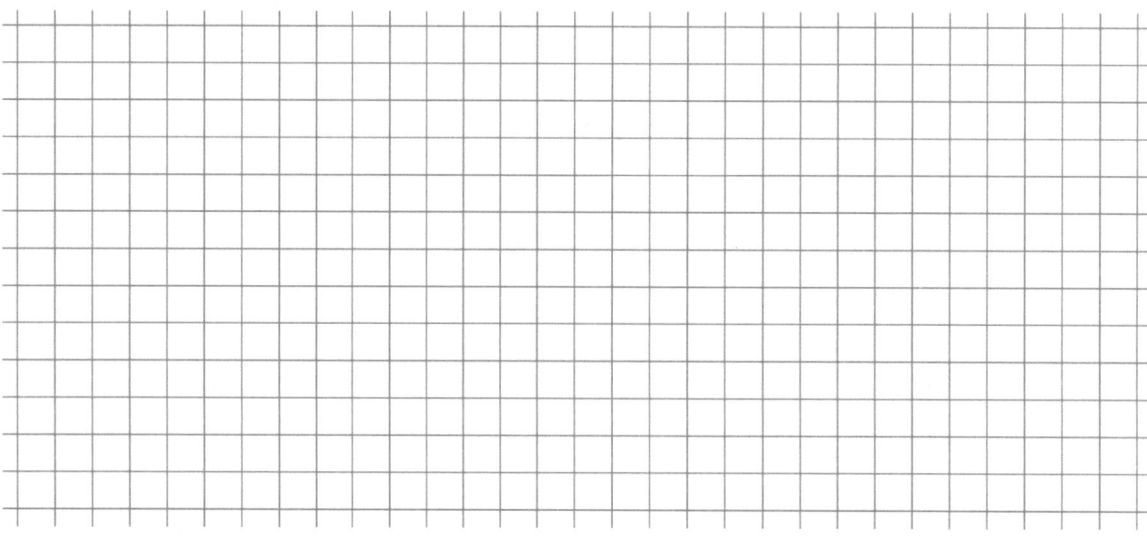

Wie kann ich die Aufgabe lösen?
☺ kann ich gut lösen; ☺ kann ich nur zum Teil gut lösen; ☹ kann ich nicht lösen

Test 5e: Sachaufgaben und Zahlenrätsel lösen

1 Ergänze jeweils Rechnung und Antwort.

a) Ein Sportverein hat im Mai 12756€ Einnahmen. Der dritte Teil wird für die Anschaffung neuer Sportgeräte verwendet.

Wie hoch ist der Betrag?

A: _____

_____

_____

b) Opa hat 9550€ auf seinem Sparbuch. Er behält 4750€. Den Rest möchte er zu gleichen Teilen auf seine vier Enkelkinder verteilen.

Wie viel bekommt jedes Enkelkind?

A: _____

_____

_____

c) Die gesuchte Zahl erhältst du, wenn du die Differenz der beiden Zahlen 626403 und 158079 durch die größte einstellige Zahl dividierst.

Die gesuchte Zahl ist _____ .

Wie kann ich die Aufgabe lösen?
☺ kann ich gut lösen; ☺ kann ich nur zum Teil gut lösen; ☹ kann ich nicht lösen

Test 5f: Mit Maßstabsangaben umgehen

1 Ergänze die fehlenden Angaben.

		Gegenstand	
a)	Maßstab: 1:4	in der Zeichnung: 2 cm	in Wirklichkeit:
b)	Maßstab: 1:3	in der Zeichnung:	in Wirklichkeit: 12 cm
c)	Maßstab:	in der Zeichnung: 10 cm	in Wirklichkeit: 1 m

2 Ermittle den in der Zeichnung verwendeten Maßstab.

	in Wirklichkeit:	in der Zeichnung:	Maßstab:
a)	in Wirklichkeit: 16 cm	in der Zeichnung: 4 cm	Maßstab:
b)	in Wirklichkeit: 10 cm	in der Zeichnung: 10 cm	Maßstab:
c)	in Wirklichkeit: 2 mm	in der Zeichnung: 20 cm	Maßstab:

3 Vergleiche die Strecken und stelle fest, wie sie verändert wurden:

a)

b)

vergrößert im Maßstab: _____

verkleinert im Maßstab: _____

4 In einem Stadtplan im Maßstab 1:30000 kann man folgende Entfernungen messen. Bestimme jeweils die wirkliche Entfernung.

a) Entfernung im Plan: 5 cm

Entfernung in Wirklichkeit: _____

b) Entfernung im Plan: 12 cm

Entfernung in Wirklichkeit: _____

c) Entfernung im Plan: 8 mm

Entfernung in Wirklichkeit: _____

Wie kann ich die Aufgabe lösen?
☺ kann ich gut lösen; ☺ kann ich nur zum Teil gut lösen; ☹ kann ich nicht lösen

Test 5g: Umfang und Flächeninhalt bestimmen

1 Bestimme den Umfang jeder Figur.

a) 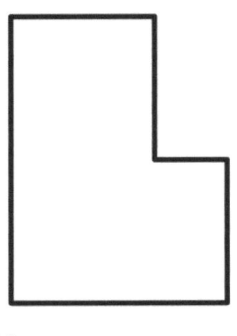   b)    c)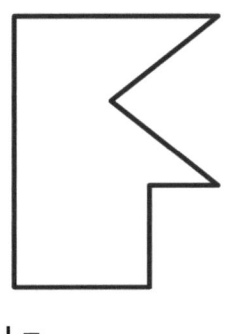

U = _____   U = _____   U = _____

2 Zeichne zwei verschiedene Figuren mit dem Umfang 12 cm.

3 Bestimme den Flächeninhalt der Figuren in Kästchen.

a) 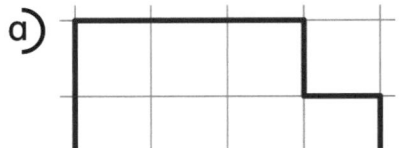   b)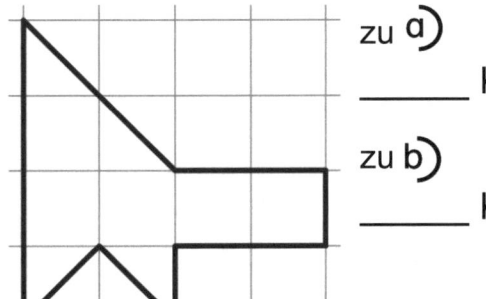

zu a)

_____ Kästchen

zu b)

_____ Kästchen

4 Zeichne ein Quadrat und ein Rechteck mit der Fläche 16 Kästchen.

Wie kann ich die Aufgabe lösen?
☺ kann ich gut lösen; ☺ kann ich nur zum Teil gut lösen; ☹ kann ich nicht lösen

Diagnosebogen zu den Tests zum Themenheft 5 *Schriftliche Division / Geometrie Teil 3 – Maßstab, Pläne, Umfang, Flächeninhalt*

HRU: Allgemeine Hinweise, Anregungen für den Unterricht, individuelle Förderung und Arbeit im Plenum s. S. 211–218;
Kompetenzraster: Kom Ü1, Kom Ü2 L und Kom Ü2 V; Beobachtungsbogen „Allgemeine mathematische Kompetenzen": BBK; Lehrerkopiervorlagen: LKV 41–49;
Kompetenzbögen: Kom 5a–5e; Beobachtungsbögen: BB 5a–5b; Tests: Test 5a–5b; Tests mit besonderen Anforderungen: Test mbA 5a–5c
Kopiervorlagen: KV 121–140, Blanko-KV: KV 141, 142
Lernsoftware Interaktive Übungen: Zahlen und Operationen: Multiplikation und Division bis 1 000 000 / Sachrechnen und Knobelaufgaben
Raum und Form: Raum und Form

s = sicher; **ü** = überwiegend sicher; **t** = teilweise; **n** = noch nicht

kann	s	ü	t	n	★ Förderhinweise ☆ Förderhinweise bzw. <u>Fö</u>rdermaterial*	LKV/KV
Test 5a: Schriftlich dividieren (1)						
❶ Divisionsaufgaben mit einstelligem Divisor lösen					★ eine Stellenwerttafel über den einzelnen Ziffern eintragen ★ in Schritten halbschriftlich dividieren, dann schriftlich, dann vergleichen ★ mittels Überschlagsrechnung das ungefähre Ergebnis ermitteln ★ die Rechenschritte laut benennen beim Rechnen ★ die Rechenschritte noch ausführlicher benennen beim Rechnen (analog zum schrittweisen Dividieren), z. B. 639 : 3 = … : „Zuerst rechne ich 600 : 3 = 200, das sind 6H : 3 = 2H, …" – diese werden dann passend in die Stellenwerttafel eingetragen ★ Lernsoftware: „Schriftlich dividieren – Fehler erkennen" ☆ Divisionsaufgaben mit größeren Zahlen finden, sowohl im Divisor als auch im Dividend, dann mit der Umkehraufgabe das Ergebnis überprüfen ☆ VM TH5 S. 12, 20, 36; VM TH5 S. 13, 24	LKV 41, LKV 42 KV 121–124, KV 125*, KV 141
Test 5b: Schriftlich dividieren (2)						
❷ Divisionsaufgaben mit Platzhalter an der Stelle des Divisors lösen					★ gemeinsam besprechen, wie man herausfinden kann, welche Zahl anstelle des Platzhalters stehen könnte und diese dann mittels der Rechnung überprüfen ★ gemeinsam besprechen, welche alternativen Strategien es noch geben könnte und warum sie genutzt bzw. nicht genutzt werden ☆ auch Zahlen mit Nullen in der Aufgabe verwenden und das Ergebnis mit dem Partner abgleichen und ggf. diskutieren	KV 141

Test 5c: Kommazahlen dividieren/durch Zehnerzahlen dividieren (1)

❶ Dividend mit Kommazahlen durch einstelligen Divisor/ bzw. mehrstelligen Dividend durch Zehnerzahl teilen

- ★ gemeinsam wiederholen, worauf man beim Rechnen mit Kommas achten muss und warum man in die kleinere Einheit umwandeln muss
- ★ gemeinsam wiederholen, was man beim Rechnen mit Zehnerzahlen/beim Rechnen mit der Null beachten sollte
- ★ ggf. eine Stellenwerttafel über die Stellen des Dividenden schreiben
- ☆ den Zahlenraum schrittweise weiter erhöhen und die Beobachtungen notieren
- ☆ VM TH5 S. 25, 26, 28; LM TH5 S. 17

Material: KV 126*–128*

Test 5c: Kommazahlen dividieren/durch Zehnerzahlen dividieren (2)

❷ Tabellen durch Division ergänzen, in denen Kommazahlen oder auch Zehnerzahlen vorkommen

- ★ gemeinsam besprechen, wie man die leeren Zellen der Tabelle berechnen kann
- ★ gemeinsam wiederholen, worauf man beim Rechnen mit Kommas achten muss und warum man in die kleinere Einheit umwandeln muss
- ★ Ergebnisse durch Umkehraufgaben überprüfen
- ☆ die Tabelle „nach rechts erweitern" und noch eigene Berechnungsmöglichkeiten hinzufügen

---

Test 5d: Teiler ermitteln

❶ bestimmte Teiler von Zahlen ermitteln und begründen, warum jene Zahl die Bedingung erfüllt

- ★ gemeinsam die Teilbarkeitsregeln wiederholen
- ★ gemeinsam die individuellen Lösungen mit einem Partner/mit anderen Kindern besprechen und ggf. gemeinsam begründen, warum eine Lösung korrekt oder falsch ist
- ★ Lernsoftware: „Teiler und Teilbarkeitsregeln"
- ☆ nach dem Bestimmen der Teiler die jeweiligen Ergebnisse durch eine Rechnung überprüfen und ggf. noch weitere Aufgaben im höheren Zahlenraum finden und rechnen
- ☆ VM TH5 S. 30, 31, 32, 33; LM TH5 S. 20, 21, 22

Material: LKV 43, LKV 44, KV 130, KV 131*

❷ Ziffern in Zahlen so ergänzen, dass die Zahl durch bestimmte Teiler teilbar ist

- ★ gemeinsam die anzuwendenden Teilbarkeitsregeln besprechen und wiederholen
- ★ gemeinsam besprechen, wie man die korrekten Ziffern finden und überprüfen kann
- ☆ nach dem Einsetzen der Ziffern die jeweiligen Ergebnisse berechnen und ggf. noch weitere Aufgaben im höheren Zahlenraum finden und rechnen
- ☆ VM TH5 S. 35

Material: LKV 43, LKV 44, KV 130, KV 131*, KV 132*

❸ Teilbarkeitsregeln bei Divisionen mit größeren Dividenden anwenden und ggf. überprüfen

- ★ gemeinsam die anzuwendenden Teilbarkeitsregeln besprechen und wiederholen
- ★ gemeinsam besprechen, woran man erkennen kann, dass eine Division mit Rest vorliegt
- ☆ eine Tabelle aufstellen, in der in der linken Spalte Divisionen ohne Rest und in der rechten Spalte Divisionen mit Rest gefunden werden sollen

Material: LKV 43, LKV 44, KV 129, KV 130, KV 131*, KV 133*

kann	s	ü	t	n	★ Förderhinweise ☆ Förderhinweise bzw. Fördermaterial*	LKV/KV
Test 5e: Sachaufgaben und Zahlenrätsel lösen						
❶ Sachaufgaben und Zahlenrätsel z. B. durch schriftliche Division lösen					★ gemeinsam die Aufgabenstellung „übersetzen" und dann den Lösungsweg besprechen ★ gemeinsam über individuelle Lösungswege und deren Vor- und Nachteile sprechen ☆ eigene Sachaufgaben und Zahlenrätsel schreiben, incl. Lösung, und dem Partner zum Lösen geben	LKV 45, KV 134*, KV 135*, KV 142
Test 5f: Mit Maßstabsangaben umgehen						
❶ Maßstabsangaben in einer Tabelle „übersetzen"					★ gemeinsam wiederholen, wie Maßstabsangaben definiert sind und wozu man sie benötigt ★ zur schrittweisen Veranschaulichung ein- und dieselbe Zeichnung im Maßstab 1:1, 1:2, 1:3, 1:4, 1:5 und 1:10 zeichnen lassen und dann mit einem Partner über die Unterschiede austauschen ☆ eigene maßstabsgetreue Zeichnungen anfertigen und dazu den verwendeten Maßstab notieren	KV 138, KV 139
❷ den Maßstab aus Angaben in einer Tabelle bestimmen					★ gemeinsam überlegen, welche Rechenschritte zur Lösung der Aufgabenstellung notwendig sind ★ Aufgabenstellungen auf dem Papier veranschaulichen, indem mit den Angaben jeweils ein Quadrat gezeichnet wird; dann den zugehörigen Maßstab dazu notieren	KV 138, KV 139
❸ den Maßstab durch Messen von Veränderungen der Streckenlängen bestimmen					★ gemeinsam wiederholen, wie man Strecken korrekt misst ★ gemeinsam besprechen, wie man aus den gemessenen Streckenlängen den Maßstab bestimmen kann und worauf man bei der Bestimmung achten sollte ☆ selbst jeweils 2 verschiedene Strecken mit ganzzahligen cm-Längen zeichnen und dazu den Maßstab bestimmen, dann mit einem Partner über die Lösungen austauschen	KV 139
❹ anhand der Angabe des Maßstabs und der Entfernung auf dem Papier die wirkliche Entfernung bestimmen					★ gemeinsam besprechen, wie man Entfernungsangaben in Plänen in Entfernungen in der Wirklichkeit umrechnet ★ gemeinsam besprechen, worauf man beim Umrechnen achten sollte ☆ Entfernungen in der Deutschlandkarte bestimmen und dann mit Hilfe des angegebenen Maßstabs in Entfernungen in der Wirklichkeit umrechnen	
Test 5g: Umfang und Flächeninhalt bestimmen						
❶ den Umfang vorgegebener Figuren bestimmen					★ gemeinsam wiederholen, wie der Umfang definiert ist ★ gemeinsam wiederholen, wie man korrekt misst ☆ selbst komplexe Figuren zeichnen, deren Umfang bestimmen und anschließend von einem Partner kontrollieren lassen	

❷ Figuren mit einem Umfang von 12 cm zeichnen	★ gemeinsam wiederholen, wie der Umfang definiert ist ★ gemeinsam wiederholen, wie man korrekt misst bzw. zeichnet ☆ selbst komplexe Figuren zu vorgegebenem Umfang und weiteren Vorgaben wie z. B. „mit 5 Zacken" zeichnen	
❸ den Flächeninhalt vorgegebener Figuren in „Kästchenfläche" bestimmen	★ gemeinsam besprechen, dass auch das Bestimmen von Kästchenanzahlen einer Flächenbestimmung entspricht, dass man aber eine andere Einheit erhält, die beim Vergleichen verschiedener Flächenangaben nicht mit qm-Angaben vergleichbar ist ★ Lernsoftware: „Flächeninhalt" ☆ den Flächeninhalt komplexerer Figuren bestimmen lassen, bei denen Kästchen auch z. B. gedrittelt werden ☆ VM TH5 S. 55; LM TH5 S. 40	LKV 48, LKV 49 KV 140*
❹ ein Rechteck und ein Quadrat mit vorgegebener „Kästchenfläche" zeichnen	★ gemeinsam wiederholen, dass Flächen, obwohl sie verschieden aussehen können, trotzdem gleich groß sein können ☆ zu einem vorgegebenen Flächeninhalt mehrere Quadrate und Rechtecke zeichnen	KV 140*